いつものケアから不調のときの対処法まで！

小児科医ママの

子どもの病気とホームケアBOOK

小児科専門医
森戸やすみ 著

はじめに

子どもは、大人に比べて、頻繁に具合が悪くなるような気がしますね。

それは子どもが大人のミニチュアではなく、体の機能が違う証拠です。呼吸器、消化器、循環器、感覚器、運動器……、すべてが成長発達の途上。それに胎内でお母さんからもらった免疫は日に日に減り、まだ自分で免疫を獲得できていません。だから、風邪も中耳炎も胃腸炎もケガも、何度も経験するでしょう。でも、そうこうしているうちに、外界のウイルスや細菌とうまく戦ったり共生したり、ケガをしないで動けるようになったりしていくのです。


では、子どもの体調が悪くなったときは、どうしたらいいでしょうか?

「早く病院に連れて行かなくては」、「すぐに薬を飲ませないと」と思う方も多いようです。

でも、そんなことはありません。

もちろん、軽い感染症かどうかわからないときや心配なとき、とてもつらそうなときは、医療機関へ行く必要があります。重大な病気の場合は、早く受診することも大事です。

ところが実際のところ、ほとんどのケースにおいて、医師や薬は治るのを助けることしかできません。病気と対峙しているのはお子さん自身の体で、医師は根本治療でなく対症療法をしているだけだったり、病気のときの過ごし方を説明しているだけだったりします。どんな場合でも医療機関に早く行ったら早く治るわけではないし、家でケアできることも多いということですね。

お子さんにとっても、つらいときに医療機関に出かけて長時間待ったり、ほかの感染症のリスクにさらされたりするよりも、慣れた自宅で大好きな保護者と一緒にゆっくり休めるほうがずっといい場合があります。

ただ、受診するべきか否かの選択は難しいもの。大事なお子さんだからこそ、「この症状は大丈夫かな」、「重大な病気だったらどうしよう」などと心配になりますね。初めてのお子さんなら、特にそうでしょう。

私自身、長女が3歳くらいの頃に微熱と腹痛で何度も吐いたとき、つい悪いほうに考えてしまって、同僚の小児外科の医師に「急性虫垂炎ではないですよね？　腹膜炎になったらどうしよう」と電話し、「その年齢では相当めずらしいよ」と言われたことがあります。それから教科書を見直して冷静になりましたが、小児科医でも自分の子どものことになると、こんなものです。

つまり、よく知らないことから漠然と感じる不安は、説明を受けたり何かを読んだりして知識を得れば、冷静に立ち向かうことができるのです。

そこで本書には、子どもの体調管理の基本から病気のこと、家でできること、医療機関のかかり方、応急処置のことまで詳しく書きました。子どもの体や病気のことに詳しくなれば、適切にケアしてあげることができます。

何しろ、子どもたちは自分で体調を管理できません。赤ちゃんは寒いとか暑いとか思っても服を脱ぎ着することさえできないし、鼻水が出てもかもうとは思わないものです。それどころか、小学生や中学生になっても、指示通りに薬を飲んだり、点眼・点鼻、吸入をしたりなど、なかなかしてくれません。悪化したら、子どもはもちろん保護者も大変です。だから、大きくなっても、ある程度は面倒をみてあげましょう。

医療機関に行くほどなのか迷ったときには、お子さんの症状にあてはまる部分を読んでみてください。実際に本書の担当編集者は、お子さんの体にブツブツが出て、じんましんなのか溶連菌なのか迷ったとき、発疹のページを見て〈熱がない〉〈喉が腫れていない〉という状況から、小児科へは行かずに自宅で様子をみたところ、一晩で治ったそうです。子どもにとっても親にとっても、医療費の面でも、無駄な受診は避けられたほうがよいですね。逆に、どういう場合は急いで医療機関を受診すべきかについても書きました。知っておくことで効率よく子育てができます。

医学的に根拠のあることだけを押さえて、あとは楽しく子育てしましょう。

目次 Contents

いつものケアから不調のときの対処法まで！
小児科医ママの子どもの病気とホームケアBOOK

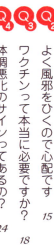

50音順 用語インデックス

本書に出てくる用語をすぐに探せるインデックスです。複数のページに出てくる用語は、最も詳しく載っているページを赤字にしました。ページ数が載っていないものは、矢印の用語でひいてみてくださいね。

※いわゆる「お腹の風邪」は、「胃腸炎」、「(ウイルス・細菌名)感染症」などと多種類の呼び方があるため、「嘔吐下痢症」で探してください。

Column 1

かかりつけ医を持とう!

かかりつけ医は、最も身近な医師のこと。家から近いといった物理的な距離も、質問しやすいという心理的な距離も近いということが大事です。東京都医師会は、以下の５つの条件を挙げています。①近くにいる、②どんな病気でも診る、③いつでも診る、④病状を説明する、⑤必要なときにふさわしい医師を紹介する。

②は初診から完治までを診るという意味ではありません。この症状は何科にかかるべきなのかという判断が難しい場合に、まず相談ができるということ。③のいつでも診るというのは実際には無理です。でも、日中にかかるのはここ、夜間・休日はここと調べておきましょう（122ページ参照）。④については、患者さんが詳しく知りたいときに快くきちんと説明してくれるということです。⑤の必要なときにふさわしい医師を紹介するというのも大切。専門外の疾患は抱え込まず、ほかの医療機関を紹介する必要があります。

また、大病院より気軽にかかれる診療所（クリニック）のほうがいいのですが、できたら小児科専門医がいるところにしてください。子どもの成長発達や予防接種の知識があったほうが安心だからです。「内科／小児科」という看板の診療所では、内科医が小児も診ていることが多いでしょう。わからないときは電話で質問するか、日本小児科学会のサイト（※1）で検索してください。

とはいえ、内科医でも詳しい医師もいれば、小児科医なのに不勉強な医師もいるでしょう。相性もあるので実際に受診してみて、よいかかりつけ医を見つけてくださいね。

※1　https://www.jpeds.or.jp/modules/senmoni/

第1章

いつものケア

Q1 日頃の体調管理はどうしたらいい？

私たちの体は、明暗の周期による24時間と数分程度の「概日《がいじつ》リズム（体内時計《たいないどけい》）」に従って変動しています。この概日リズムは、多少ずれても、太陽光や気温、食事などの刺激によって修正されるのが特徴。ですから、睡眠と食事に気をつけることが大切です。

まずは睡眠から。睡眠のリズムが大きくずれてしまうと、概日リズムも乱れ、引きこもりがち、身体的不調、不安感や落ち込み、社会的な問題行動、思考力や注意力の低下、攻撃的な行動といった問題が多くなります（※1）。そして、就寝時間が遅いと、睡眠時間が短くなりやすいため、子どもはなるべく早く、毎日同じ時間に寝かせたほうがいいでしょう。

では、早くというのは何時のことでしょうか？ 適切な就寝時間は人種や民族、文化によって違いますし、各国の専門家同士の同意はありません。実際、子どもの就寝時間は国によって大きく違い、ニュージーランドでは平均19時28分、香港では平均22時17分、日本では平均21時17分です（※2）。ずいぶん違うものですね。

ただ、早い時間に寝てくれないと成長ホルモンのことが心配になるかもしれません。でも、じつは成長ホルモンは夜だけ多く分泌されるということはなく、昼寝でも寝入った直後に多く分泌されます。以前に言われていたように、睡眠のゴールデンタイムとされる22～2時に寝ていないと成長ホルモンが出ないということはないのです（※3）。なので、昼寝と夜間の睡眠のトータルで考えてください。トータルで何時間の睡眠が適切かという結論は出ていませんが、乳幼児は10～12時間くらい寝られていて、昼間の活動に支障がなければいいでしょう。

子どもがなかなか寝てくれなくて焦ってしまうこともあると思います。そんなときは、環境を見直してみましょう。生後3～4か月までの乳児は周囲の明るさに関係なく寝たり起きたりのサイクルを繰り返しますが、それ以降は部屋が明るい場合は暗くした場合に比べて入眠までの時間が長くなります（※4）。また、通気性がよくて軽い掛け布団と敷布団のほうが、重い掛け布団と敷布団よりも子どもがよく眠ったという研究があります（※5）。つまり、毎日だいたい同じ時間に部屋を暗くして、通気性のよい寝具に寝かせるといいといえるのです。

次に食事ですが、概日リズムを整えるためにも、やはり毎日できるだけ同じ時間に食べさせましょう。生後6か月までの子どもには、母乳や粉ミルク以外を与える必要はありません。それ以降は、なるべくバランスよく食べさせてください。1食1食をバランスよくというより、1週間のトータルで考えるといいですね。

また、乳幼児は胃が小さく一度にたくさんは食べられませんから、おやつを与えてください。学童期からは、成長に必要だけれども不足しがちな栄養素を意識して食べさせましょう。2008年の「児童生徒の食生活等実態調査」によると、カルシウム、ビタミンD、鉄、ビタミン

B_1が不足しやすいので、魚や乳製品、小エビ、海藻、種実類、キノコ、貝類、豚肉、豆類、ニンニクなどをメニューに入れるといいですね。

以上のようなことに注意したうえで、感染症の多くは飛沫感染、接触感染ですから、手洗い・うがい・加湿・換気も大事です。

ウイルスや細菌がついた手を洗えば、体内に入り込む前に落とせます。インフルエンザウイルスなどは家庭内の埃にくっついて舞い上がることが知られていますから、部屋を加湿すると、ウイルスを吸ってしまう可能性が多少は減るでしょう。また、こまめに換気して埃ごとウイルスを追い出せるといいですね。あとは季節に合わせた服装をさせること、適度な運動も心がけてくださいね。

A 睡眠や食事、手洗いなどの感染症対策、服装や運動に気を配りましょう。

※1 Yokomaku et al. Chronobiol Int. 2008 Jul; 25(4): p549-64
※2 Mindell et al. Sleep Med. 2010 Mar; 11(3): 274-80
※3 Van Cauter E. 2011, Principles and Practice of Sleep Medicine 5th ed. Elsevier Saunders, p291-311
※4 加地はるみ他『日本新生児学会雑誌』vol.22. no.3, 1986, p586-593
※5 赤井由紀子他『医学と生物学』vol.153 no.11, 2009, p532-539

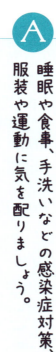

Q2 よく風邪をひくので心配です

子どもがよく風邪などの感染症になると、「体が弱いんじゃないか」と心配したり、「免疫《めんえき》を高めないと」と言ったりする人がいます。でも、それは誤解です。子どもがよく感染症にかかるのは仕方がないことなのです。

そもそも免疫ってなんでしょうか？　簡単に言うと、免疫とは自分以外のものである「異物」を認識して排除する働きのこと。免疫には、以下のように母体から抗体をもらう「受動免疫《じゅどうめんえき》」、初めから備わっている「自然免疫《しぜんめんえき》」、自分で抗体を作る「獲得免疫《かくとくめんえき》」があります。

〈受動免疫〉

赤ちゃんが、お母さんの胎盤や母乳から受けとる免疫のこと。通常、お母さんの子宮の中には細菌やウイルスなどはいませんが、外界にはいろいろなものがいます。そのため赤ちゃんはお母さんからガンマグロブリンなどの免疫物質をもらいますが、その効き目は生後6か月頃になるとほぼなくなるため、誰でも上気道炎や胃腸炎などの様々な感染症にかかるようになり、それぞれに対する免疫を自分で獲得していくことになるわけです。

〈自然免疫〉

体に細菌などの異物が入り込んだり、がん細胞だと認識されるものがあったりすると、速やかに処理・排除する反応です。リンパ球の一種・ナチュラルキラー細胞が感染した細胞を攻撃したり、白血球の一種・マクロファージや好中球《こうちゅうきゅう》が貪食（取り込んで食べたり）して排除します。

〈獲得免疫〉

マクロファージが、異物（抗原）の情報をリンパ球の一種・ヘルパーT細胞に伝えます。すると、ヘルパーT細胞は、リンパ球の一種・キラーT細胞に指令を出して、ウイルスなどに感染した細胞を破壊する物質を分泌させ、マクロファージの作用を活性化（「細胞性免疫」）。

また、ヘルパーT細胞は、リンパ球の一種・B細胞にも指令を出し、特異抗体（ガンマグロブリン）を作らせ、さらにB細胞の一部をガンマグロブリンの生成に特化する形質細胞に分化させて多量に作らせます。この抗体はウイルスなどの増殖を阻止し、毒性を中和するとともに、抗原と結びついて塊になることでマクロファージなどに食べられやすくします（「液性免疫」）。

こうやって一度ウイルスや細菌といった抗原の情報を得たキラーT細胞やB細胞の一部は、その情報を記憶するので、再び同じウイルスや細菌が体内に入ってきたときに素早く対応できるのです。これを「免疫記憶」といいます。何度も風邪をひくと、リンパ球に様々なウイルスの記憶が蓄積されるので排除も早く、つまり症状が軽く、治るのが早くなるのです。

まとめると、生後6か月以降はお母さんからもらった受動免疫がなくなり、感染症にかかった経験が少ないため獲得免疫も未熟なので、たくさん感染症にかかるものです。風邪をひかずに大きくなることはできませんし、免疫を高めることもできません。でも、あえて言うなら、繰り返し感染症にかかることで免疫がつくとはいえるでしょう。その証拠に、小児科の外来には未就学児の患者さんが圧倒的に多く、大きくなるに従って少なくなります。

また、きょうだいがいるとか保育園に通っているなど、ほかの子どもとの接触が多い環境では互いに感染症をうつしやすいので、頻繁に熱を出すことがあります。保育園児は、肺炎球菌やインフルエンザ菌を持っている確率が高く、その4分の1は抗菌薬が効かない耐性菌であることがわかっているため、特に予防接種が重要ですね(※1)。「細菌やウイルスがいる」、「それに対する抗体を持っていない」、「感染している人との接触がある」という3要素が重なると、感染症にかかりやすいということは知っておいてくださいね。

A 風邪をひくたびに少しずつ免疫を獲得していくので心配しすぎないで！

※1　砂川慶介『感染症学雑誌』vol.79 no.11, 2005, p887-94

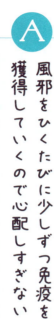

Q3 ワクチンって本当に必要ですか？

結論から言うと、定期接種となっているものも任意接種となっているものも、すべて必要です。任意接種になっているワクチンも、世界では標準的に行われているもので、定期と任意の違いは必要度とは関係なく、予算の都合でわかれているだけだからです。

地球上には数えきれないほど多種多様なウイルスや細菌が存在し、そういったものによる感染症もたくさんあります。毎年、感染症で亡くなる人は数千万人いると考えられているほど。ですから、ワクチンで防ぐことのできる感染症は防ぐべきでしょう。

小児科医をしていると、ワクチンさえ接種していれば、後遺症を負ったり亡くなったりすることはなかったのにと悔しく思うことがあります。たとえば、ヒブ（ヘモフィリス・インフルエンザ菌b型）は、ワクチン導入前の日本で年間600人に細菌性髄膜炎《ずいまくえん》を起こしていました。

私自身、ヒブ髄膜炎によるけいれんと発熱で運ばれてきた1歳未満の子を診て「残念ですが、3分の1は亡くなることがあり、3分の1は後遺症が残り、3分の1は治るというのが一般的です」とお話しした経験があります。ヨーロッパから遅れること20年、2013年に日本でもヒブワクチンが定期予防接種になりました。2014年の厚生労働省の研究（※1）では、ワクチンの定期予防接種化後にヒブ髄膜炎が98％減少したと報告されています（107ページ参照）。

今ではワクチンを接種する人がある程度増えたおかげで、感染症で悲しい結果になるケースが減り、多くの人が感染症の怖さを実感する機会は減りました。ところが、そうすると今度はワクチンの副反応を恐れ、感染症にかかるのは悪いことではないと考え、ワクチンを敬遠する人たちが出てきています。

たとえば、①「ワクチンは危険」、②「ワクチンを打っても抗体がつかない」とか「効果は徐々になくなってしまう」、③「もう感染症が流行していないから打たなくてもいい」、④「ワクチンを打つよりも感染したほうが丈夫な子になる」という言説をよく見聞きします。でも、これらはすべて間違いです。

①のワクチンは危険という説に根拠はありません。よく根拠とされるのは1988年に医学誌『ランセット』に載ったウェイクフィールドの「MMRワクチンが自閉症の原因になる」という論文ですが、捏造が発覚して論文は取り下げられました。また、保存料としてワクチンに含まれている水銀と自閉症との関連も否定されています（※2）。

②は、確かにワクチンを打っても抗体価が上がらない場合はありますが、定められた回数と間隔で受けていれば、実際の予防効果はあります。たとえば、水痘《すいとう》ワクチンは1回だけの接種では、約1割の人が水ぼうそうにかかってしまうため、定期予防接種化された際には3か月以上開けて2回接種することになりました。不活化ワクチンは、一般に1回では感染予防に十分な抗体価が得られないので、B型肝炎は3回、四種混合ワクチンは4回受けます。研究を積み重ねた結果、最も効果の高い接種方法が推奨されているのです。四種混合ワクチンは年齢が高くなり、抗体が減ってきた頃に追加としてジフテリアと破傷風の二種混合ワクチンを打ちます。こうして効果がだんだん減っていっても、リスクの高いものは追加するのです。そして、感染を完全に予防できなくても、ある程度の抗体があれば症状は軽くなります。

③の感染症が流行していないというのは誤解です。現在、任意接種のおたふく風邪ワクチンの接種率があまり高くないので、患者さんは一年中います。以前はかかった人の1000人に1人くらいが、難聴になると言われていました。現在では、100~200人に1人が難聴になり、そのうち1%は両耳の難聴になるという調査結果もあります(※3)。おたふく風邪自体は重い病気ではありませんが、難聴のほかにも髄膜炎、精巣炎《せいそうえん》といった合併症を起こすことがあり、ワクチンによる副反応よりも、感染による合併症の頻度のほうがずっと高いのです。

また、近年、日本やアメリカ、ドイツでは、外国から麻疹《ましん》が持ち込まれ、主にワクチン接種歴のない人の間で広まってしまっています。周囲で流行していなくても、予防は必要でしょう。

④の「感染したほうが丈夫な子になる」は、よくワクチン反対論者が主張する考えですが、やはり正しくありません。ワクチン接種の目的は、抗体価を上げることではなく、ひどい病気にならないこと、その病気によって後遺症を負わないこと、死なないことです。

たとえば、麻疹にかかった場合、確かにワクチンを打つよりも麻疹抗体価は上がるでしょう。けれども、麻疹肺炎になってしまって、低酸素性脳症などの後遺症を負ったり亡くなったりしては元も子もありません。また、感染症にかかって抗体ができても、時間の経過とともに減ってしまい、再び同じ感染症になるケースもあります。実際に病気にかかることさえ、再感染の予防法としては完全ではないのです。

このほか、同時接種は危険という説もあります。でも、海外では以前から複数のワクチンを同時に打っています。日本小児科学会も、生ワクチンを含む複数のワクチンを同時に接種しても副反応は増えないこと、本数に制限がないことを伝えて、同時接種をすすめています(※4)。中には、いまだに同時接種を避ける医師もいるようです。でも、子どもは小さいうちのほうが感染症のリスクが高く、かかってしまった場合には重症化することがあるので、なるべく早く打ち終わるために同時接種をしたほうがいいでしょう。

いつどの感染症にかかるか、合併症が起こるかどうか後遺症が残るかどうかということは、誰にもわかりません。一方で人間は他人との関わりなしに生きていくことはできません。感染症をもらう可能性は、社会の中で生きていく限りゼロにはできないのです。ワクチンを打つ前の赤ちゃんたち、また病気などの理由でワクチンを打てない人たちに危険な感染症をうつさないためにも、ワクチンは必ず受けるようにしましょう。

それに予防接種をしていないと困ることは、ほかにもいろいろあります。病気やケガで入院するとき、ほかの患者さんに病気をうつす可能性があるので個室にしか入れないかもしれませんし、病院によっては受け入れてもらえないかもしれません（126ページ参照）。また、転勤や留学などで外国に行ったとき、保育園や幼稚園、学校などに入れない場合もあるのです。

もしも、ワクチンを打ち忘れてしまったら、かかりつけの小児科や保健センターに相談してくださいね。ワクチンによっては無料でできるかもしれないし、有料になっても受けられるものはあります。必ずしも推奨されているスケジュールで行わなくても、予防効果はあるのです。

A 定期接種も任意接種もすべて必要なもの。忘れずに必ず接種しましょう。

※1　庵原俊昭　新型インフルエンザ等新興・再興感染症研究事業2014　http://www.koizumi-shigeta.or.jp/pdf/hib_dec_deta.pdf
※2　横浜市衛生研究所　チメロサールとワクチンについて　http://www.city.yokohama.lg.jp/kenko/eiken/idsc/disease/thimerosal1.html
※3　工藤典代『子どものみみ・はな・のどの診かた』南山堂
※4　日本小児科学会の予防接種の同時接種に対する考え方　https://www.jpeds.or.jp/uploads/files/saisin_1101182.pdf

同時接種のスケジュール

ワクチン名		接種済み ✓	0歳 (0〜11か月)	1歳 (1歳0か月〜1歳11か月)	2〜13歳
■B型肝炎	定期	□□□	①②③		
■ロタウイルス	任意	1価 □□ 5価 □□□	①②③		
■ヒブ	定期	□□□□	①②③	④	
■肺炎球菌	定期	□□□□	①②③	④	
■四種混合	定期	□□□□	①②③	④	
■BCG（結核）	定期	□	①		
■MR（麻疹・風疹）	定期	□□		①	②
■水ぼうそう	定期	□□		①②	
■おたふく風邪	任意	□□		①	②
■日本脳炎	定期	□□□			①②③、④
■HPV（ヒトパピローマウイルス）	定期	□□□			① DT
■インフルエンザ	任意	毎秋	毎年10〜11月頃に接種しましょう		

凡例:
- ■ 定期 …… 定められた期間内であれば公費負担。
- ■ 任意 …… 多くは自己負担。ワクチンによっては助成あり。
- ←○→ おすすめの接種時期（数字は接種回数）

※個別接種から他のワクチンと同時接種できる

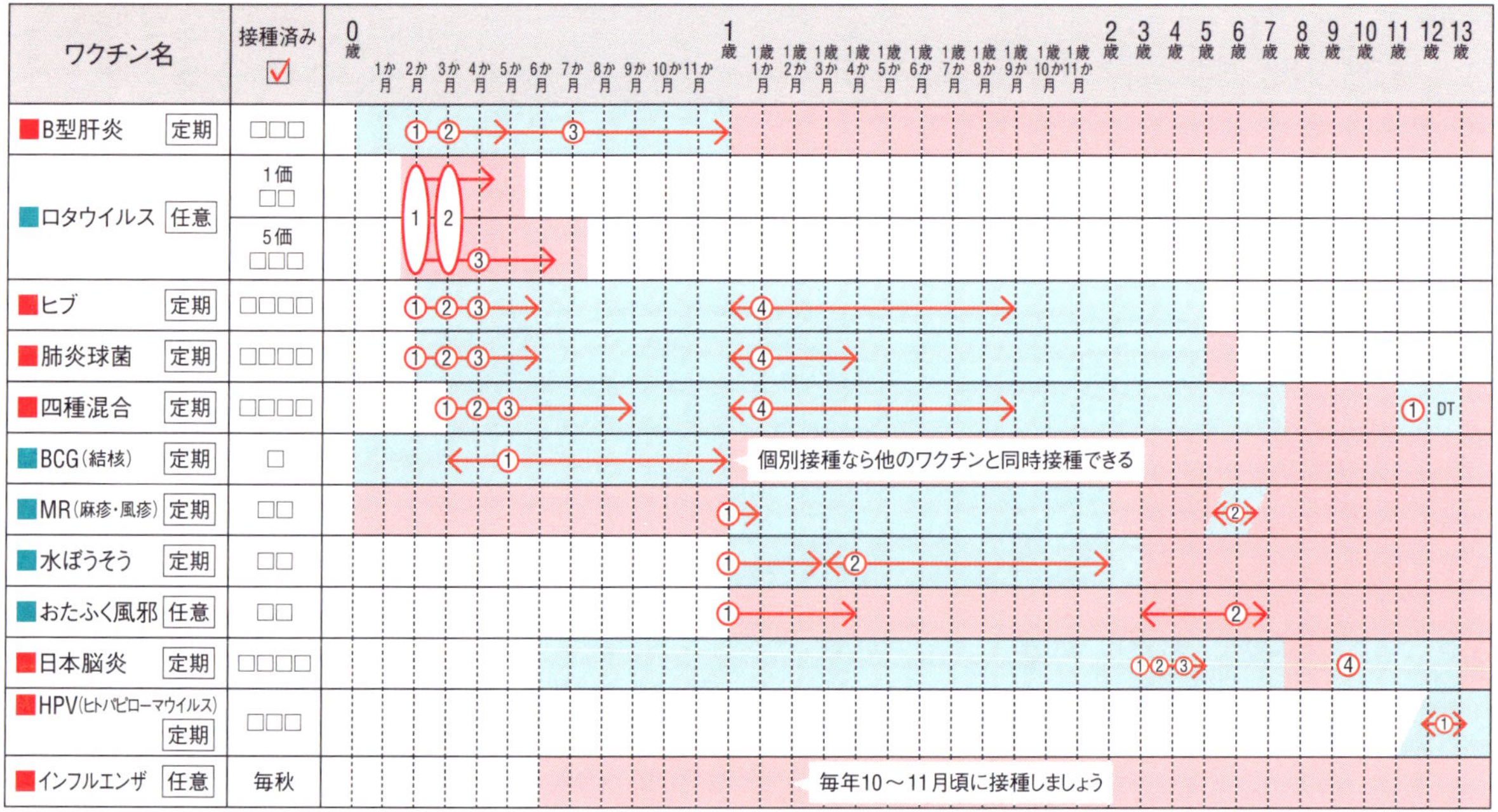

※不活化ワクチン……1週間あければ、別の予防接種ができる。
生ワクチン……4週間あければ、別の予防接種ができる。
定期接種の可能な期間
任意接種の可能な期間

※ロタウイルスワクチンは、生後8週〜15週未満までに接種を開始し、1価から24週、5価から32週までに完了しましょう。
※四種混合ワクチンくジフテリア（D）、百日せき（P）、破傷風（T）、ポリオ（IPV）のうち、二種（DT）は子育て期間で追加接種します。
※HPVワクチンの接種対象は12〜16歳の女子。2価ワクチンは①〜②の間は1か月以上、①〜③の間は5か月以上、かつ②〜③の間は2か月半以上あける。
4価ワクチンは、①〜②の間は1か月以上、②〜③の間は3か月以上あける。

Q4 体調悪化のサインってあるの？

子どもに限らず、体調悪化のサインとして挙げられるのは、発熱と食欲不振、眠れないことでしょう。中でも最もわかりやすいのは、発熱かもしれません。子どもの平熱は大人より高めですが、37・5℃以上が続くなら発熱です。平熱より1℃以上高い状態が続く場合を発熱とする専門家もいます。

平熱は人によって多少違うので、元気なときに数回測っておいて何度くらいかを覚えておくと、体調の変化に早く気づけるかもしれません。ちなみに暑い場所にいたり激しい運動をしていたり厚着をしていたりすると、体温が高くなってしまう場合があります。そういうときは涼しい状態にして時間をおいて測り直して下がっていれば大丈夫。そして、体温は朝のほうが低く夕方あがりやすいので、朝37℃以上あれば夕方から夜にかけて発熱する可能性があります。

食欲がないというのも、調子が悪いときのサインです。大人でも特に理由もなく食欲がないときはあるものなので、1日くらいなら問題ないでしょう。でも、いつもの半分以下くらいしか食べられないことが続くようなら原因を考えてみましょう。疲れているのかもしれないし、どこかが痛いのかもしれません。

たとえば、風邪やヘルパンギーナ、手足口病、溶連菌感染症《ようれんきんかんせんしょう》などによって、喉が痛くて食べられないのかもしれません。または、おたふく風邪によって耳の下が痛いせいで噛みにくくて食べられないことも考えられます。便秘や下痢をしていたら食がすすまないでしょうし、下痢や嘔吐、発熱などの前駆症状だったという場合もありますね。食欲低下は、注意を要する症状のひとつです。

逆に、よく食べられていれば、たとえ病気になっていても深刻ではないことが多いでしょう。どこかが痛かったり、苦しかったりしたら、いつも通りには食べられないものです。まだ話すことができない子なら、なおさら正直に食欲に表れます。そういうときは無理に食べさせなくてもかまいません。具合が悪くて消化管の動きや機能が弱っているときに、無理に食べさせたらよけいに具合が悪くなるでしょう。食べれば元気になるというわけではありません。

それから、眠れないというのもサインのひとつ。たとえば、鼻が詰まっていたり、呼吸がしづらかったり、倦怠感があったりするのかもしれません。なんらかの感染症にかかっているのかもしれないので様子をみてください。稀に、気道に閉塞があって、睡眠時に無呼吸になってよく眠れないとか、いびきをかいて熟睡できないということが、子どもでもあります。そういう場合には、耳鼻科か小児科で相談してくださいね。

そして話すことができるような年齢の子は、心配事があって眠れないということもあります。寝付けない、夜中に起きてしまう、急におねしょが再開するなどのことがあったら、気がかりなことがないか聞いてみましょう。

あとは、いつも一緒にいる人の「何かがおかしい」という印象も大事です。普段と顔が違う、なんとなく元気がない、何か心配だというような漠然とした状態を「not doing well」と言いますが、いつも面倒をみている人の勘はあてになるのです。特に小さい子の場合は、重大な病気が見つかることもあります。

医療機関にかかるほどでなければ、乳幼児でも小中学生でも、普段よりゆっくり過ごせるようにスケジュールを調整したり、昼寝をさせたり、夜早く寝られるように環境を調整してあげましょう。

A

発熱や食欲低下、眠れない、表情が悪いなど、普段と何かが違ったら体調悪化のサインです。

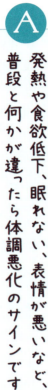

Q5 季節ごとに気をつけるべきことって？

子どもはしょっちゅう風邪をひくし、季節を問わずに起こる病気やトラブルもありますが、特定の季節に多いものもあります。エアコンの影響で以前より季節性がなくなってきたとはいうものの、季節ごとに多いものはあるので順にみていきましょう。

〈春〉

まずは花粉症です。最近は花粉症の発症年齢が下がっていて、幼児でも発症することがあります。スギ花粉に触れることが増えると（飛散量と回数に比例して）、それだけアレルギーになる可能性が高まるからです（51ページ参照）。ただし、初めて春を経験する乳児の場合は、花粉症ではなく風邪でしょう。

すでに食物アレルギーと診断されている子、食べると具合が悪くなるものがある子は、年度末が近づくと受診します。保育園や小・中学校に除去食の書類を提出する必要があるからです。食事制限は、成長期の子どもにとってなるべくしないほうがいいものなので、決して自己判断はせずに医師の指示を聞いて最小限にとどめましょう。

そして入園・入学後に集団生活が始まると、今までにかかったことのないウイルスや細菌に感染することがあります。ワクチン接種を終えているかどうか、母子手帳で確認しましょう。無料の期間が過ぎていても、お子さん自身のためにも周囲のためにも接種してくださいね。

〈夏〉

暑い夏は、「熱中症」、「あせも（汗疹《かんしん》）」などの皮膚トラブルが起こりやすい時期です。

子どもは大人に比べて体温調節機能が未熟ですから、エアコンや扇風機などを使って、過ごしやすい室温にしましょう。熱中症対策としては、水分とともに塩分を摂るということも大事です。生後6か月までの子どもは母乳や粉ミルクだけでいいのですが、それ以上の子どもには経口補水液、または水と塩分のあるおやつをあげてください。（144ページ参照）

あせもなどの皮膚トラブルは予防が肝心。汗をかいたらシャワーを浴びる、洗面所で手足の汗を流す、汗を拭く、汗で濡れた洋服を取り替えるなどしましょう（34ページ参照）。

それから、「虫刺され」や虫刺されを掻くことでできる「とびひ」にも要注意。虫よけスプレーなどを使いましょう。ただし、6か月未満の場合は一般的な虫よけが使いづらいので、目の詰まった明るい色の布地でできた服を着せてくださいね。（38ページ参照）

また、日差しが強くなりますから、紫外線対策もお忘れなく。日本臨床皮膚科医会と日本小児皮膚科学会が紫外線対策を紹介しています（※1）。紫外線量が特に多い時間帯は10～14時で、曇天の日でも晴天の日の約80％の紫外線量があります。日陰は日向に比べて紫外線が50％減るので、帽子や衣服で体を覆うことは大事です。目への紫外線の影響は、つばが7㎝以上ある帽子をかぶると約60％減らすことができます。紫外線カットのためにも熱中症予防のためにも、できれば目の詰まった布で、白っぽい明るい色の服を着せましょう。

夏に多い感染症は、「手足口病」、「伝染性紅斑《でんせんせいこうはん》（りんご病）」、「ヘルパンギーナ」、「咽頭結膜熱（プール熱）」、「水いぼ」、「流行性角結膜炎」など。手足口病は、手と足と口の中に発疹ができて発熱することもある病気です。伝染性紅斑は、風邪症状のあとに頬が赤くなり、手足にも網目状の発赤疹が出るのが特徴。ヘルパンギーナは、高熱が続いて喉の奥に発疹ができる病気です。咽頭結膜熱は、熱と喉の痛み、目の充血が特徴。これらは小児科で診てもらいましょう（81、102ページ参照）。水いぼは、ウイルス感染によってできる1～5㎜大の隆起物で、皮膚科か小児科で治療できます。流行性角結膜炎は、とても感染力が強く、発熱と目の充血や目やに、リンパ節の腫れが起こる病気です。失明する危険もあるので、眼科にかかりましょう。

〈秋冬〉

秋冬は、なんといっても「風邪」。風邪を起こすウイルスは数百種類もありますが、寒く乾燥した気候が好きなものが多いからです。疲れや睡眠不足、栄養バランスが悪いなどの条件が重なると感染しやすいので気をつけ、流水で手を洗いとうがいをしましょう。（64ページ参照）

急に高熱と筋肉痛、頭痛、倦怠感などが生じる「インフルエンザ」も、秋の終わりから冬にかけて流行します。ほとんどの場合、発症から2〜5日で自然に治りますが、中耳炎、肺炎、気管支炎を起こすことがあるので要注意。やはり、生後6か月からは毎年10月頃にワクチンを接種したほうがいいでしょう。（84ページ参照）

12〜1月頃になると、感染力が強く嘔吐や下痢を起こす「ノロウイルス感染症」が増えます。その後、冬から春先にかけては「ロタウイルス感染症」の流行時期。初日だけ白い便が出るのが特徴で、嘔吐や発熱、腹痛、脱水症を起こします（87ページ参照）。どちらも対症療法しかありませんから、手洗いをしっかりしましょう。また、ロタウイルスワクチンは生後15週までしか受け始めることができませんから、必ず受けておいてくださいね（23ページ参照）。

また1歳未満の子が発熱して、咳と鼻水が出たら「RSウイルス感染症」かもしれません。対症療法しかありませんが、重症の場合は入院して点滴と酸素吸入を行います。

A 特に春はアレルギー、夏は暑さや紫外線、秋冬は感染症に気をつけましょう！

※1 保育所・幼稚園での集団生活における紫外線対策に関する日本臨床皮膚科医会・日本小児皮膚科学会の統一見解 2015 http://jspd.umin.jp/pdf/201509.pdf

季節ごとに多い病気と気をつけたいこと

気候や住環境などの変化で、昔ほど病気に季節性がなくなってきたといわれますが、季節ごとに気をつけたほうがいいことはあります。ぜひチェックして！

春

〈多い病気〉

風邪　花粉症

〈気をつけたいこと〉

- 花粉症対策は、1月末頃から始めましょう。
- 入園・入学・進級前には、予防接種が完了しているかどうかの確認を。
- アレルギーがある場合は、医師の指示のもと、除去食や緊急時の対応について学校や園に伝えてください。

秋

〈多い病気〉

風邪

〈気をつけたいこと〉

- インフルエンザワクチンは、10月頃から接種しましょう。

夏

〈多い病気〉

あせも　とびひ　熱中症　手足口病
りんご病　ヘルパンギーナ　プール熱
水いぼ　流行性角結膜炎

〈気をつけたいこと〉

- 子どもは体温調節機能が未熟なので、エアコンや扇風機などを上手に使って快適な室温を保ちましょう。
- 熱中症の予防のため、水分と塩分を適度に摂りましょう。
- 汗はこまめに拭いたり流したりして、あせも予防を。
- 虫よけ薬、日焼け止めを適切に使ってください。

冬

〈多い病気〉

風邪　インフルエンザ
ノロウイルス感染症
ロタウイルス感染症　RSウイルス

〈気をつけたいこと〉

- 乾燥によるトラブルが多くなるので、加湿器を使ったり、洗濯物を部屋干ししたりして、部屋の湿度を上げてください。また、お風呂上がりには肌の保湿もお忘れなく。
- 特にインフルエンザやノロウイルス感染症の流行時期は、帰宅後の手洗いをしっかりしましょう。

Column 2

薬局との付き合い方① OTC医薬品

多くの市区町村で、子どもの医療費は無料です。でも、医療機関は待ち時間が長かったり、連れて行くのが大変だったり、ほかの病気に感染する心配もあるでしょう。それに、ささいなことで医療費を使うと自治体の財政を圧迫してしまいます。

ですから、たいしたことがなさそうなら、薬局やドラッグストアでOTC(Over The Counter)医薬品を買うのもおすすめです。「処方薬のほうがよく効く」と言う人がいますが、そんなことはありません。商品名や成分量は少し違うものの、同じ有効成分の薬があります。

たとえば、保護剤のワセリンや保湿剤のヒルドイド、かゆみや炎症を抑える効果の高いステロイド、抗真菌薬などの塗り薬は市販されているのです。飲み薬も同様に解熱鎮痛薬(アセトアミノフェン)もあるし、花粉症やアレルギー性鼻炎などの点鼻薬や点眼薬、便秘のときに使うグリセリン浣腸まであります。

どの薬がいいのかわからないときは、お子さんの年齢や症状を伝えて薬剤師に相談しましょう。処方薬をもらうときにしか薬剤師と会話したことがない方もいると思いますが、本当は様々な相談にのってくれます。旅行や万が一のときのために解熱薬や浣腸を買っておきたいという場合にも助かります。

なお、家計を一つにする家族の医療費が10万円を超える場合の医療費控除、1万2千円以上のOTC医薬品を購入した場合のセルフメディケーション税制を受けられることがあるので、以下のサイトも読んでみてください(※1)。

※1 日本OTC医薬品協会「OTC医薬品の医療費控除制度」http://www.jsmi.jp/what/

第2章
よくあるトラブル

Q1 あせも、とびひがひどくて困ります

特に夏は、子どものあせも（汗疹《かんしん》）やとびひに困ったことがある人は多いでしょう。

あせもは、汗が高温多湿の環境下で蒸発せず、汗腺にたまることでできます。

うっすら白い小さなブツブツができるのは「水晶様《すいしょうよう》汗疹《かんしん》」といって、皮膚の表面に近い層に汗がたまって透明な水疱ができるもので、かゆみや痛みはなく、涼しく清潔にしているとすぐに消えます。

一般によくいうあせもは「紅色汗疹《こうしょくかんしん》」といって、汗が皮膚の中層の真皮などにたまって炎症を起こし、赤くブツブツした状態になるものです。子どもの場合、胴体や脇、太ももはもちろん、頭や額、鼻の頭などにもよくできます。暑い時期に多いのですが、その他の季節でも高温多湿な状態になるとできます。（写真は153ページ）

あせも予防には、涼しく風通しをよくすることがいちばん。「クーラーはよくない」、「自然の風がよい」、「汗をかかないと汗腺が発達しない」という説がありますが、それは間違いです。

昔は、真夏でも気温30度以上になることは、あまりありませんでした。でも、今は30度以上になる日が多く、特に子どもは体温調節が未熟なので、自然の風だけでは危険です。無理をさせたり、水分や塩分の摂取が十分でなかったりすると、熱中症になるかもしれません。

また、ずっとクーラーをつけた部屋にいて外に一歩も出ないということはできないはずで、普通に生活していると必ず汗をかく機会があります。そういった生活では、クーラーを使ったとしても、汗腺の数は変わらないという論文があるのです(※1)。

家庭でもですが、子どもを一対一で見ることができない保育園や幼稚園でクーラーをつけず、早期に熱中症に気づけなかったら危険ですね。もちろん、小中学生でも熱中症のリスクはありますし、暑すぎては勉強に集中できません。子どもも大人も快適な室温にしましょう。

また、汗をかいたら、そのままにしないようにしましょう。最もいいのはシャワーを浴びることですが、難しい場合は洗面所で手足だけでも流す、タオルで汗を拭く、汗で濡れた洋服を取り替えるだけでも違います。

あせもができてしまったら、小児科や皮膚科に行って、かゆみを抑える塗り薬をもらいましょう。ステロイドがよく効きます。普段はベビーパウダーを塗るのもいいかもしれないですが、あせもができてしまってからは炎症の原因になることがあるのでやめましょう。

なお、紅色汗疹はかゆみがあるので、涼しく清潔にしていても掻いてしまうことがあります。私たちの皮膚には常在菌がいますから、掻いて細菌が入ってしまうと「汗腺膿瘍《かんせんのうよう》」という痛みをともなう腫れものができたり、とびひになったりすることがあります。

とびひの正式名称は「伝染性膿痂疹《でんせんせいのうかしん》」。あせも、虫刺され、すり傷などに、黄色ブドウ球菌や溶血性連鎖球菌などが入り込むことでできます。水ぶくれができるタイプを「水疱性《すいほうせい》膿痂疹」、かさぶたになるタイプを「痂皮性《かひせい》膿痂疹」と呼びます。（写真は154ページ）

水疱性膿痂疹は、春から夏にかけて多く、黄色ブドウ球菌が作る表皮剥離毒素が細胞と細胞をつなぐタンパクを切断するので水疱ができます。水疱は破れやすく、中から浸出液が出てきてジクジクした状態になり、何もしないと感染がどんどん広がるので、皮膚科か小児科に行きましょう。

医療機関では、症状が軽い場合は抗菌薬とかゆみ止めの軟膏、重い場合は抗菌薬の内服薬と軟膏が出されます。患部に軟膏を塗ったら、ガーゼで覆っておきましょう。かゆいからといって掻くと、どんどん広がってしまうので掻いてはいけません。

痂皮性膿痂疹は、溶血性連鎖球菌が原因で起こり、季節性はあまりありません。子どもより大人、特にアトピー性皮膚炎を持っているとなりやすいものです。赤く腫れて膿疱ができ、厚いかさぶたができて痛みをともないます。受診する際には皮膚科のほうがいいかもしれません。抗菌薬の内服、重症なら抗菌薬の点滴と抗菌薬の軟膏塗布で治療します。

とびひになったら、どちらのタイプでも、お風呂に浸かるよりもシャワーだけにしたほうがいいのですが、石けんを使うのは問題ありませんので、清潔を保つようにしましょう。

登園や登校は、医師の診察を受けて治療中でも、病変部分をガーゼなどで覆っていれば大丈夫です。ただし、皮膚の状態が悪化したり、ほかの人にうつしたりする場合があるので、プールは控えましょう。日本臨床皮膚科医会、日本皮膚科学会、日本小児皮膚科学会が統一見解を出しています(※2)。

とびひは、一度かかったら、もうかからないというものではありません。肌の清潔を保つ、傷に触らない、発疹は掻かないで治療する、爪を短くしておく、手をよく洗うという方法で予防しましょう。

A

こまめに汗を流すこと、掻かないことが大切。できてしまったら早めに小児科か皮膚科へ。

※1　Tochihara Y et al. Appl Human Sci. 1995 Jan;14(1):23-8

※2　学校感染症第三種その他の感染症：皮膚の学校感染症とプールに関する日本臨床皮膚科医会・日本皮膚科学会・日本小児皮膚科学会の統一見解２０１５　http://www.jocd.org/pdf/20130524_01.pdf

Q2 蚊に刺されやすいので心配です

日本の蚊で人を刺すのは、ヒトスジシマカとアカイエカが多く、メスが吸血します。血を吸われること自体も不快ですが、蚊の唾液成分に対する反応で赤くかゆくなるのが困りますね。この反応は、すぐに症状が出る「即時反応」と、1～2日後に症状が出る「遅延反応」に分類できます。乳児期には遅延反応だけで、蚊に刺されてもすぐにはあまりかゆがりません。幼児期から青年期には即時反応と遅延反応があり、青年期から壮年期は即時反応のみ、老年期になるとどちらもはっきりしなくなるのですが、もちろん個人差はあります。

赤みやかゆみは、放っておいても数日から1週間でなくなりますが、気になる場合は早めに市販のかゆみ止めを塗りましょう。かゆみは、私たちの体が蚊の唾液成分に反応して、マスト細胞や白血球がヒスタミンやセロトニンなどの物質を出すことで起こるため、これらの物質が出る前に塗ることが大切です。散々掻いたり時間がたったりしてから塗っても、あまり効果がありません。

掻き壊したり、とびひになったりするのが心配な場合は、かゆみ止めパッチを貼るのもおすすめ。ただし、小さな子どもの場合は、自分で剥がして口に入れないよう注意してください。

稀に「ストロフルス」といって、真っ赤になって大きく腫れたり、水疱ができたりすることがあります。初夏に受診される人が多く、患者さんは3歳以下が7割以上です。ストロフルスは家庭で冷やしたり、皮膚科や小児科で炎症を抑えるステロイドの塗り薬などを処方してもらって塗るとよくなります。

私が子どもの頃は、「蚊に刺された部分に爪の先を押し付けてバッテンを書くと早くかゆくなくなる」なんていうおまじないがありました。これは子どもの遊びだからいいのですが、「50度のお湯やドライヤーで温めるといい」という説もあるようです。かゆみを起こす成分が熱で壊れるからという理屈らしいですが、完全に間違いです。かゆみを引き起こすヒスタミンやセロトニンは、50~100度程度の熱では壊れません。むしろ低温火傷を起こしかねず、皮膚のほうが心配です。ほかにもおかしな説はたくさんあって、「蚊に刺されたらセロハンテープを貼って毒素を空気に触れさせないといい」、「塩を塗り込んで吸い出すといい」、「石けんで洗って中和するといい」などもありますが、全部ダメです。蚊の唾液成分は皮膚の表面には出ていないのでテープを貼らなくても空気に触れませんし、塩で体内のものを外に吸い出すことはできないし、石けんで中和することもできません。

蚊は刺されるとかゆくなって不快なだけでなく、病気を媒介する点でも大変困ります。蚊が媒介するいろいろな病気で、1年間に70万人以上が亡くなるともいわれているのです。マラリア、デング熱、黄熱、ウエストナイル熱が有名で、日本では日本脳炎や、国内での発症例はないもののジカ熱が話題です。こういった病気のほとんどにはワクチンがありませんが、日本脳炎は定期予防接種になっているので、ぜひ打っておきましょう。

医療関係者でも誤解していることがあるのですが、日本脳炎ワクチンが3歳から推奨となっているのは、従来日本では同時接種をせず、1歳までは他のワクチンを優先するスケジュールになっていたせいで、本当は保健所に問い合わせれば、生後6か月から予診票をもらえて接種できます。ワクチンの量は3歳以上の半量になりますが、効果は変わりません。

日本小児科学会は、日本脳炎流行地域に渡航・滞在する小児、最近日本脳炎患者が発生した地域・ブタの日本脳炎抗体保有率が高い地域に居住する小児は、生後6か月から日本脳炎ワクチンを開始することを推奨しています。確認してみてください(※1)。

ちなみに蚊に刺されないためには、長袖、長ズボンで厚みのあるもの、白っぽい色の服がおすすめです。でも、暑い夏はそういう格好ばかりできませんから、虫よけの薬を使いましょう。日本で認可され、効果が確かめられているのはディートとイカリジンという成分です。従来はそれぞれに12%、5%以下の含有量の商品しかなかったのですが、2016年に厚生労働省が高濃度の商品を認めることを発表し、濃度の高いものも増えました。

ただし、ディートの場合は、従来の濃度でも生後6か月までは使用しない、6か月~2歳未満は1日1回、2~12歳未満は1日1~3回までと決まっています。イカリジンは、小児の使用制限はありません。

ハーブの虫よけシールなども販売されていますが、ディートほどの高く確実な虫よけ効果は確認されていません。ディートやイカリジンと併用する場合、化学的なものを塗りたくないという場合に使うようです。

一方、蚊取り線香などの殺虫成分は、防虫菊（シロバナムシヨケギク）に含まれている天然のピレスロイド、またはその類似物質です。ピレスロイドは、様々な昆虫にとって有害なので、カブトムシや鈴虫などの昆虫、金魚などのいる部屋ではたかないようにしましょう。一方、私たちヒトや犬や猫などの恒温動物にとっては、体内にある酵素で分解できるため、害はありません。ただ、煙が出るタイプのものは目や喉に刺激になるので、ときどき換気してくださいね。

A

生後6か月以降は虫よけを使いましょう。日本脳炎ワクチンは早めることもできます。

※1　日本小児科学会 予防接種・感染症対策委員会「日本脳炎罹患リスクの高い者に対する生後6か月からの日本脳炎ワクチンの推奨について」
https://www.jpeds.or.jp/modules/news/index.php?content_id=197

Q3 よく鼻血を出すのですが、大丈夫？

鼻の中は粘膜に覆われていて、とても複雑な形をしています。鼻血は、主に鼻の左右を分けている仕切りである「鼻中隔《びちゅうかく》」から出ることが多く、特に入口から1㎝くらい入ったところは血管が集中しているうえ、表面に出ているために繰り返し出血しやすく「キーゼルバッハ部位」という特別な名前がついているほど。だから、少しくらい鼻血が出やすくても不思議ではなく、それほど心配しなくてもいいでしょう。

では、どんなときに鼻血が出るでしょうか。何かが鼻に当たったとき、鼻の中も傷ついて鼻血が出ることがあります。風邪、花粉症やアレルギー性鼻炎で鼻粘膜が腫れているときも出やすいでしょう。くしゃみをしたときや鼻をかんだとき、特に原因が思い当たらないときにも、なんらかの要因で鼻血が出ることはあります。子どもの場合は、鼻の中に指を入れたせいで出ることもあるで

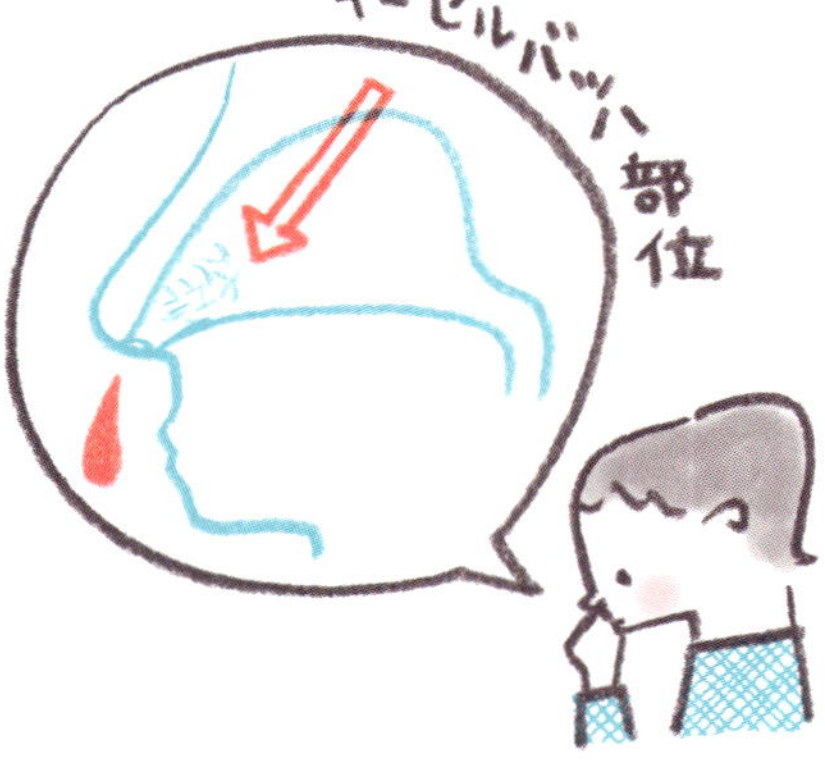

しょう。このような原因によって傷ついた粘膜には、治るまでかさぶたができますが、そこをつつけば繰り返し鼻血が出ますから、刺激しないようにしてくださいね。

鼻血というと、放射能の影響を心配する人もいるかもしれません。放射線被曝による粘膜の傷害だとしたら、水疱や脱毛などの様々な症状が出てくるはずで、鼻血だけということはありません。実際、東日本大震災の際も、福島県立医科大学附属病院を含む福島県中通りにある3病院で、鼻出血患者数の増加はありませんでした(※1)。そういった症状は、短時間に大量の放射線を浴びないと起きないことを覚えておいてくださいね。

鼻血が出たら、他の部位のケガと同じで、圧迫して止血しましょう。鼻の中に細長く巻いたティッシュペーパーやきつく固めた脱脂綿をキーゼルバッハ部位に当たるよう入れて、小鼻をつまむように押さえて10分ほど待ちます。鼻に詰めるものがなかったら、小鼻をただ押さえるだけでもOK。出血部を心臓より高い位置にすると血が止まりやすいので、横になるよりも座っていたほうがいいでしょう。鼻血が喉のほうにいくと気持ち悪くなるかもしれませんから、鼻を圧迫したら顔は下へ向けましょう。頻繁に鼻に詰めたものを替えたり、鼻をかんだりしたら止まりかけていた出血が再開してしまうので、なるべく我慢します。

よく「鼻に何か詰めるのはダメ」と言う人がいますが、鼻の粘膜を傷つけないような柔らかいものを使い、鼻血が止まったかどうかを確かめるために頻繁に取ったり詰めたりを繰り返さなければ大丈夫です。

また「鼻や首を冷やすといい」、「首を叩くといい」という説も耳にしますが、外側から鼻を冷やしても、まして首を冷やしても意味がありませんし、叩いても止血にはつながりません。また、通常はチョコレートや香辛料などの特定の食品を食べても、影響はありません。

正しい方法を行えば鼻血は10分前後で止まりますが、なかなか止まらないとき、歯ぐきなどのほかの部分からも出血するとき、ささいなことで皮膚に青あざができるときは、耳鼻科か小児科にかかりましょう。ごく稀に、血液中の凝固因子や血小板が少なくなる病気や腫瘍などが見つかる場合があります。しょっちゅう鼻血が出て日常生活で困る場合も、耳鼻科で相談してみてください。鼻粘膜を焼くという治療法があります。

それから、顔にケガをして鼻血がなかなか止まらないという場合は、小児科ではなく外科系である整形外科や耳鼻科にかかりましょう。骨折しているかもしれないし、外科的に縫うなどの治療が必要かもしれません。

A 鼻血の止め方を知っておいてくださいね。あまり頻繁なら耳鼻科を受診しましょう。

※1　松塚崇『日本医事新報』4774, 2015, p15-16

Q4 ずっと便秘気味なのが気になります

子どものお腹が普段より大きく硬く張っていたり、トイレが長かったり踏ん張っていたり、顔を赤くして力んだりうなったりする場合は、便秘かもしれません。

どういう症状を「便秘症」とするかには国際的な定義があります。日本小児栄養消化器肝臓学会と日本小児消化管機能研究会が出している患者さん向けガイドラインがとてもわかりやすいです（※1）。ダウンロードもできるので、お子さんの便秘を心配している方はぜひ読んでみてください。そのパンフレットにある便秘の定義は、「便の回数が少ないか、出にくいこと」。具体的には、排便が週に3回未満だったり、そのときに痛みや出血があったりすることです。腸にうんちが溜まりすぎると少しだけ漏れ出ることがありますが、これも便秘のサイン。治療が必要な状態になると、便秘症と呼びます。

じつは、子どもの便秘症のほとんどは、特に原因はない「機能性便秘症」と呼ばれるもの。機能性というのは、「腸や肛門、ホルモンや神経に何か病気があるというわけではないけど、機能が一時的に低下している」という意味。何か便秘の原因になる病気がある場合は「器質性便秘症」といいます。どちらにしても、放っておいていいものではありません。

ところが、ネット上には間違った原因がたくさん書かれています。「母乳の質が悪いせいで便秘になる」というのも、そのひとつ。母乳は赤ちゃんが生きていくためにとても重要なものなので、そう簡単には変化しません。お母さんが食べたものや生活習慣が変わっても、成分は同じなのです。また「叱られてストレスがたまったせい」という説もあります。精神的なことが関係ないとは言いませんが、叱らないからといって便秘が治るわけではありません。「水分不足だから便秘になる」という話もよく見聞きしますが、普通に食事をするだけでも食べものの中に水分が含まれていますし、子どもは喉が乾いたら何か飲みたがるでしょう。

それよりも便秘で困ったら、赤ちゃんの場合は綿棒刺激をしましょう。赤ちゃんを仰向けか横向きに寝かせて、綿棒にベビーオイルやワセリンをつけて肛門をつつきます。それでも出なければ、綿棒を肛門に1～2㎝くらい入れてゆっくり円を描くように動かしてください。

1歳以上の子どもなら市販の小児用グリセリン浣腸を使いましょう。まず、浣腸をぬるめのお湯を入れたボウルなどに入れて人肌程度に温めます。蓋を取ったら、容器の先にワセリンやベビーオイルなどを塗ります。仰向けでも横向きでもいいのですが、子どもの足を曲げてお尻の穴にゆっくり浣腸容器の先を入れてグリセリン液を押し出します。なるべく我慢させてから排便するようにしましょう。すぐだとグリセリン液だけが出てきます。

最近、キャラメル浣腸というものがあるようですが、おしりから食品を入れてはいけません。

市販の子ども向けの飲み薬は少ないので、浣腸を嫌がる場合や便秘が長びく場合は、小児科を受診してください。医師が診察するときも機能性便秘の場合は、まず前述の方法を行って便を確認するのがベストですが、飲み薬を出すこともできます。

子どもの便秘によく使われるのは、グリセリン浣腸、ビサコジル（商品名：テレミンソフト）や炭酸水素ナトリウム＋無水リン酸二水素ナトリウム（新レシカルボン）の坐薬、糖類（マルツエキス、モニラック）や塩類（カマ、マグミット、ミルマグ）に分類される浸透圧性の下剤、刺激性下剤（ラキソベロン、プルセニド）など。便秘薬、綿棒刺激や浣腸は癖になりませんから、必ず続けてくださいね。薬を勝手にやめてしまうと、便秘症が長引く場合があります。

そのうえで、生活習慣を変えましょう。具体的には、トイレは我慢せずに行く、毎日だいたい決まった時間にトイレに座る、食物繊維が豊富なもの（野菜、果物、海藻類、豆類、芋類など）をたくさん食べるといったことです。適度な運動が必要という人もいますが、ガイドラインにはありません。特別に運動量を増やさなくても、日常生活の中の動作でいいでしょう。

A

赤ちゃんは綿棒刺激、子どもは小児用のグリセリン浣腸で出してあげてください。

※1　日本小児栄養消化器肝臓学会・日本小児消化管機能研究会「こどもの便秘の正しい治療」
http://www.jspghan.org/constipation/kanja.html

Q5 肌のカサつきがひどいんです

子どもの肌は、大人に比べて薄く皮脂が少ないので、乾燥しやすいもの。普段からきれいに洗って清潔を保ち、そのうえでしっかり保湿しましょう。

赤ちゃんも子どもも、石けんを使って手で洗うのがいちばんです。タオルや垢すりは使わず、固形石けんや液体石けんを直接体につけるのではなく、手のうえでしっかり泡立ててから体につけます。泡タイプのボディーソープを使ってもいいですし、泡立て用ネットを使って泡を作ってもいいでしょう。ただし、石けんに添加された物によっては、皮膚が赤くなったり、もともとある皮膚のトラブルが悪化したりすることがあるので、できるだけ色素や香料の少ないものを選んでくださいね。

たまに「赤ちゃんでも石けんを使っていいんですか?」と聞かれますが、何もトラブルがなければお湯だけでもいいかもしれません。ただ、生まれて数か月間は、ホルモンの影響で特に顔の皮脂分泌が多いもの。余分な皮脂や汚れは、石けんで落としてあげたほうがいいでしょう。たっぷりの泡をつけ、手指の腹を使って爪を立てずに洗います。お子さんに目や口を閉じてもらって目の周囲、口の周囲もお忘れなく。月齢が小さいと関節の内側に汚れがたまりやすいもの。首の周囲や脇の下、肘の内側、太ももの付け根、膝の裏をよく広げて洗い、ぬるめのお湯で石けんが残らないように十分に流しましょう。こうすればスポンジや硬いタオルなどで皮膚を傷つけなくてすみますし、指でお子さんの肌の様子がよくわかります。そして、熱いお湯で流したり、長く湯船に入っているとかゆみの原因になるので気をつけてくださいね。

一方、粉をふくほどカサカサで、背中やおむつの中だけがしっとりしている場合は、洗いすぎが原因です。お湯だけで洗って保湿をしましょう。子どもでも大人でも同じですが、乾燥による皮膚炎を起こした場合は、石けんを使わないほうがいいこともあります。

そして季節を問わず、お風呂上がりには保湿しましょう。保湿剤や保護剤には様々な種類がありますが、夏はベタつきのない液体タイプ、春や秋には伸びのよいクリームタイプが塗りやすいと思います。冬は硬くて伸びは悪いものの油脂性の軟膏、ワセリンやワセリン基剤のものがしっかり守ってくれるのでおすすめです。量はチューブで出す場合、人差し指先端から第一関節までの量、ローションは1円玉の大きさくらいに出したものを、大人の手のひら2枚分の面積に塗ります。口が広い容器で処方されるものの場合は、小さじ1杯分すりきりに取ると約4gで、乳児には全身に伸ばして使います。5歳くらいまでは、片腕・片足・お腹と背中に各1gくらいが目安です。その後は、大きくなったぶんだけ適当に増やしてください。

適切な量の保湿剤や保護剤を清潔な手に出したら、塗る場所に点在させます。そして指先ではなく、手のひら全体で広げます。量は多めかなと思うくらいがいいのです。肌の表面に膜を作ってくれるワセリンはとてもおすすめですが、硬くて塗りづらいのでお風呂上がりの体が温かいうちに塗りましょう。手のひらで温めてから広げると皮膚を傷つけることがありません。クリームタイプは清潔な手に取ったあと、やはり点在させてから円を描くように伸ばしていきます。目や口の周囲、小鼻、耳の後ろ側、脇の下にも塗ります。

唇がカサカサの場合は、月齢が小さいうちは哺乳瓶のせいかもしれません。授乳の頻度が減ってくると消えますから、何もする必要はないでしょう。それよりも大きくなれば、リップクリームやワセリンを塗ってください。それとともに、子どもに唇をなめないように説明することも大事です。

保湿剤や保護剤を1日に2～3回くらい塗っていると、しっとりした肌になるはずですが、新生児ざ瘡、脂漏性湿疹、アトピー性皮膚炎、よだれによる接触性皮膚炎（100～101ページ参照）、とびひ（36ページ参照）などがひどい場合は、やはり薬が必要です。小児科か皮膚科に行って診てもらいましょう。

A

石けんをよく泡立てて手でやさしく洗い、1日2～3回しっかり保湿してみて！

Q6 【アレルギー1】花粉症／気管支喘息かもしれません

子どもは繰り返し風邪をひきますが、鼻水やくしゃみがひどいと「花粉症かもしれない」、咳がひどく長引くと「喘息かもしれない」とアレルギーを心配する方がいます。

そもそもアレルギーとはなんでしょうか。私たちの体には、自分と異物とを区別して、異物を追い出す仕組みが備わっています（15ページ参照）。だから体内にウイルスや細菌が入ると、白血球などが寄ってきて炎症を起こし、熱や分泌物が出て、液性免疫である抗体を作ったり、細胞性免疫を利用したりして、悪者のウイルスや細菌をやっつけるというわけ。この「免疫」という仕組みが体を守っているんですね。ところが、免疫は本来そこまで危険ではないはずの特定の異物にも反応してしまうことがあります。これがアレルギーです。

では、花粉症や気管支喘息とは、どういうものか見ていきましょう。

〈花粉症〉

花粉が粘膜に付着することで、免疫が過剰反応して起こるのが花粉症です。花粉が体内に入ってきたときに、白血球系細胞の一種であるマスト細胞（肥満細胞）の上についているＩｇＥ

が異物として認識すると、ヒスタミンなどの炎症物質が放出されます。ヒスタミンは毛細血管を拡張するので、目が充血したり、皮膚が赤くなったり盛り上がったり、鼻水や痰などの分泌物を出したり、皮膚のかゆみを起こしたりするのです。ほかにも熱っぽさやだるさを感じたりする人もいるでしょう。

最も有名なのはスギですが、それ以外にもヒノキ、カモガヤ、ブタクサ、シラカバなどの約60種類の花粉が原因になります（55ページ参照）。

症状がひどい場合は、小児科か耳鼻科を受診しましょう。目だけの症状なら眼科でもいいと思います。医療機関で抗アレルギーの飲み薬、併用として抗アレルギー薬やステロイドの点眼・点鼻薬を処方してもらうと、症状が軽くなります。飲み薬はシロップ、粉、錠剤、水なしで飲めるOD錠など多種多様なものがあるので、希望がある場合は処方前に伝えてくださいね。

なお、目を洗うことにはあまり効果がなく、かえって目を傷つけたり、目を守る涙を取り去ってしまうことになったりするのでよくありません。鼻を洗うのは有効です。水道水ではなく生理食塩水、市販の器具を使うといいでしょう。

〈気管支喘息〉

気管支喘息は、基礎に気管支に慢性の炎症があって、さらにアレルゲンとなる物質を吸入したときに、マスト細胞からヒスタミンやロイコトリエンなどの炎症物質が放出されることで、気管支が狭くなってゼイゼイしたり、分泌物が増えて痰が絡んで苦しくなったりする病気です。アレルゲンは、ダニやハウスダスト、動物の毛、カビなど様々。ちょっとした刺激で、1年間に何回も喘息発作が繰り返し起こります。激しい運動や気候の変化、タバコや花火の煙を吸うことによっても喘息発作が出ることがあるので注意が必要です。

風邪をきっかけに気管支喘息発作が起こることもあり、風邪との区別は難しいですが、どちらにしてもお子さんがつらそうにしていたら小児科に行きましょう。医療機関では、診断のために、胸から「ゼイゼイ」、「ヒューヒュー」などという音がする、咳で寝付けない、明け方に苦しくて目覚めてしまう、何かのきっかけでそういうことが繰り返される、といったことがないかどうか詳しく症状を聞かれます。検査方法は、血液でのアレルギー検査や胸のレントゲン、呼吸機能テスト、気道過敏性テストなどがありますが、必須ではありません。

普段から同じ医療機関にかかっていると、調子が悪くなったときに早く診断と治療を始められるでしょう。治療は、気管支を広げる吸入薬やテープ薬、気道の炎症を抑えるステロイドの定期的な吸入、痰を出しやすくする内服薬などを使って長期的に行います。急に悪くなることがある病気なので、緊急時の対応についてもかかりつけの医師と相談しておきましょう。

ホームケアについては、厚生労働科学研究発行のパンフレットも見てみてくださいね（※1）。

花粉症でも気管支喘息でも、ヒスタミンなどの炎症物質が困った症状を起こしてしまいます。このヒスタミンが分泌されて作用するまでの段階でブロックするのが抗アレルギー薬で、中でもステロイドはとても効果があります。

ところが、その昔、ステロイドはあまりに効果があるために、安易に処方されるようになって副作用が問題になりました。マスコミでも盛んにとりあげられたから、とても怖い薬だと思っている人がいますね。でも、ステロイドが使われ始めたのは1950年代なので、もう安全な使い方がわかっています。

昔の怖いイメージで有効な治療法を避けるのではなく、疑問に思ったことは主治医に質問したり相談したりしながら、お子さんにとって最もいい治療をしましょう。

A つらい症状が多い場合は小児科か耳鼻科へ。抗アレルギー薬などを処方されるでしょう。

※1　公益財団法人日本アレルギー協会「セルフケアナビぜんそく小児用」「セルフケアナビぜんそく乳児・幼児」
http://www.jaanet.org/patient/allergy/asthma.html

花粉カレンダー

花粉の種類ごと、地域ごとに飛散する時期が違います。目安にしてくださいね。

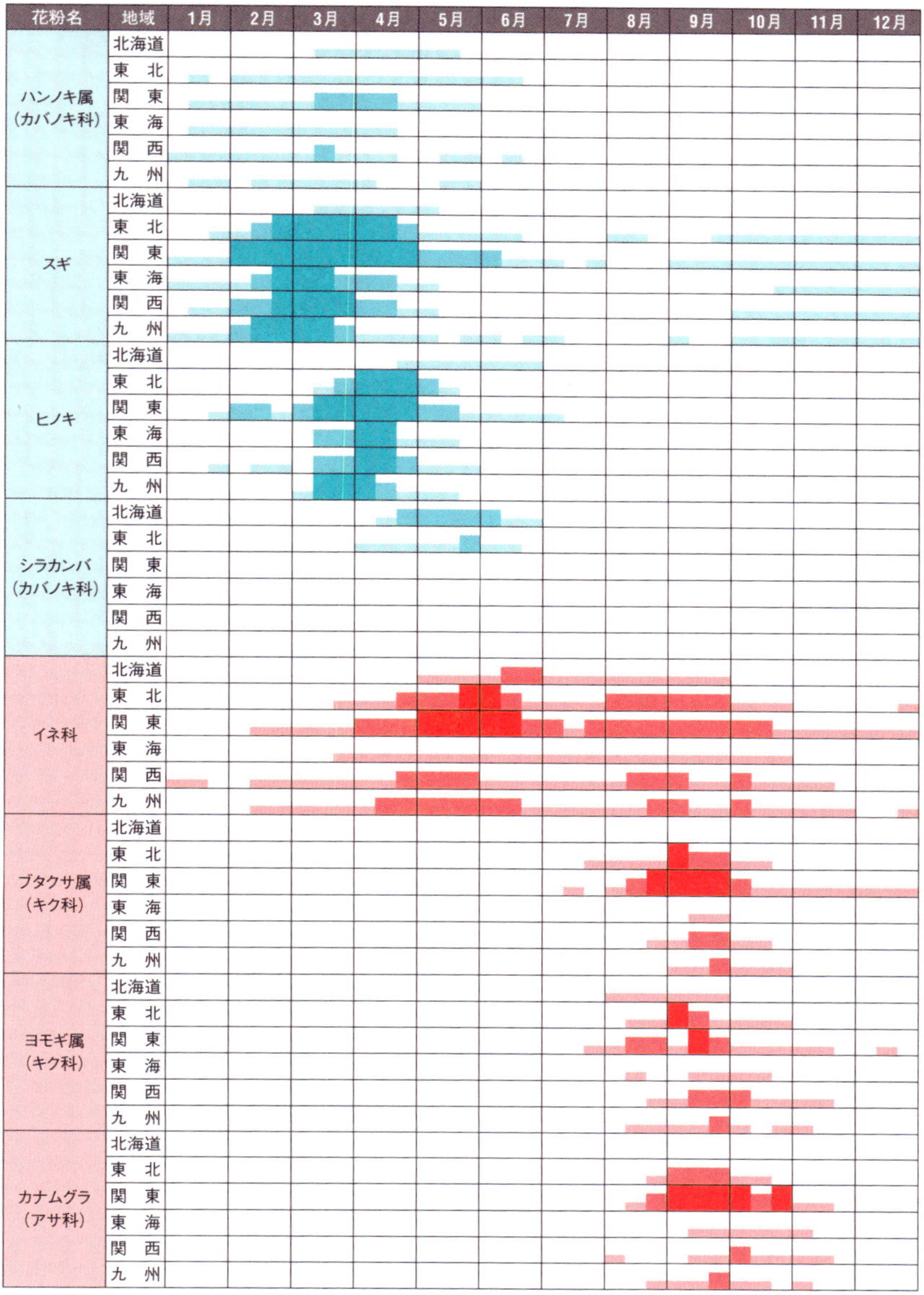

木本の花粉 凡例　0.1～5.0個/㎠/日　5.1～50.0個/㎠/日　50.1～個/㎠/日
草木の花粉 凡例　0.05～1.0個/㎠/日　1.1～5.0個/㎠/日　5.1～個/㎠/日

『鼻アレルギー診療ガイドライン2016年版』より

Q7 【アレルギー2】アトピー性皮膚炎じゃないかと心配です

生まれてすぐは乳児湿疹が多いのですが、健診で「アトピーですか?」とよく聞かれます。月齢が小さいうちはどちらかわかりにくいからです。乳児湿疹でも軽いアトピー性皮膚炎でも、清潔と保湿だけでかなりよくなりますから、普段のスキンケアを見直してみましょう（48ページ参照）。それでもよくならず、アトピー性皮膚炎かもしれないと思ったら、医療機関を受診します。症状が軽い場合は小児科か皮膚科、重い場合はなるべくアレルギーを専門とする小児科か皮膚科に行きましょう。

アトピー性皮膚炎は、皮膚のバリア機能が壊れているところに、何かが入り込んで刺激を与えることで炎症がひどくなる疾患。炎症が起こったときに、ヒスタミンなどの炎症物質が放出され、皮膚が赤くなって丘疹《きゅうしん》（盛り上がりのある皮疹）ができたり、漿液性丘疹《しょうえきせいきゅうしん》（ジクジクして盛り上がりのある皮疹）ができたり、鱗屑《りんせつ》といって白く剥がれる粉の様なものがついたり、かさぶたができたりしてかゆくなります。症状は左右対称に分布し、乳児は頭や顔から始まって体幹や四肢に広がり、幼児では首や肘や膝の屈曲部、思春期から成人になると顔や首や胸や背中といった上半身に多くできるのが特徴です。（写真は154ページ）

A

軽い場合は小児科か皮膚科を、重い場合はアレルギー専門の小児科か皮膚科を受診して。

これらの症状が慢性的に（1歳未満は2か月以上、それ以上は6か月以上）続いている場合にアトピー性皮膚炎と診断されます。実際の治療では、軽い場合は肌を傷めない洗い方や保湿剤の塗り方を指導され、必要に応じてステロイドが処方されます。重い場合は、それに加えて免疫抑制剤の軟膏が処方されることもあるでしょう。1999年から使われ始めた免疫抑制剤のタクロリムス（商品名プロトピック）は、上手に使うとステロイドの量を減らすことができて有効です。治療に熟練した皮膚科医、あるいはアレルギーを専門とする小児科医が使います。

よく「ステロイドは危険」、「アトピー性皮膚炎は、自然治癒力や自己免疫力を上げれば治る」などと言う人がいますが、根拠がないので聞き流しましょう。アトピー性皮膚炎は、いわば望ましくない免疫反応なので免疫力を上げたら悪化するはずですし、自然治癒力を上げるというのは医学的根拠のないことをするという意味です。間違った情報でステロイドは怖いと思い込み、適切な治療ができないと、お子さんがつらい思いをします。必ず、皮膚科またはアレルギー外来、小児科などで適切な治療を受けてくださいね。

Q8 【アレルギー3】食物アレルギーを疑っているのですが

近年、子どもの食物アレルギーを心配する人が増えています。心配なあまりに離乳食の開始時期を遅らせたり、特定の食物を除去したりする人も多いようです。というのも、インターネットや書籍に「妊娠・授乳中のお母さんはアレルゲンを避けるべき」、「2歳までは母乳だけで、固形物を食べさせないほうがいい」という説があるからでしょう。すると「アレルギーにならない」、「免疫力が上がる」、「鼻呼吸がしっかりできる」などと説明されるようです。ところが、お母さんが食事制限しても栄養が偏るだけでアレルギーは防げないし、生後5~6か月以降の子どもを母乳だけで育てると必要な栄養が摂れないうえに、アレルギー予防にも逆効果です。そんなことで免疫力は上がったりしないし、固形物を食べていても鼻呼吸は促せます。

環境省が行った2014年の疫学調査「エコチル調査」によると、離乳食は85%の人が生後5~6か月に始めています。4か月以前に開始した人は3%、7か月以降は9%、8か月以降は3%でした。一方、代表的なアレルゲンである小麦は7割、鶏卵や牛乳は8割の人が7~8か月になっても与えていませんでした。さらに、中でも怖いと思われているソバは88%、ピーナッツは95%の人が、1歳を過ぎても与えていませんでした。

ところが、ずいぶん前からアメリカ・ヨーロッパ・日本のアレルギー学会は、離乳食の開始を遅らせたり、あらかじめ特定の食物を除去したりしても、アレルギーの発症は防げないと言っています（※1）。

また、イギリスでは、こんな興味深い研究が行われました。重症の湿疹か卵アレルギーのある生後4～11か月の乳児640人を、〈ピーナッツアレルギーの有／無〉で2グループに分け、さらに両方のグループを〈ピーナッツを食べさせる／食べさせない〉の2グループの計4グループに分け、5歳時にどうなるかを調べるというものです（※2）。その結果、各グループが5歳になったときにピーナッツアレルギーである確率は次の通りです。

- 研究開始時にピーナッツアレルギーがあり、食べさせるのを避けたグループ　35・3％
- 研究開始時にピーナッツアレルギーがあり、食べさせたグループ　10・6％
- 研究開始時にピーナッツアレルギーがなく、食べさせるのを避けたグループ　13・7％
- 研究開始時にピーナッツアレルギーがなく、食べさせたグループ　1・9％

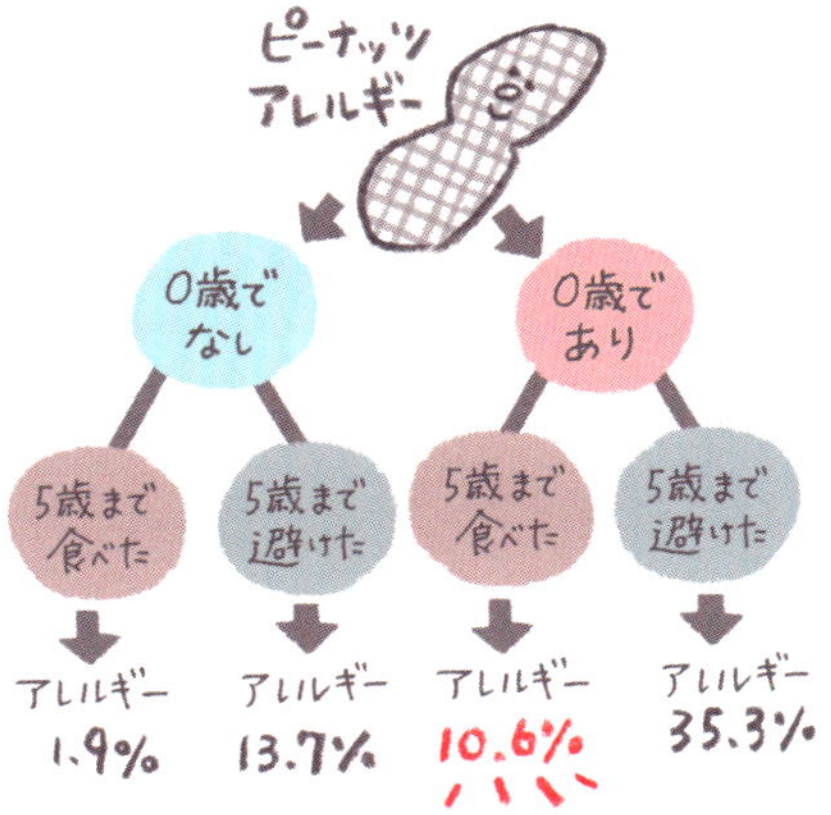

つまり、乳児期に多少のアレルギー症状が出るものでも、食べさせ続けるとアレルギー反応が減るという驚きの事実が示唆されたのです。ですから、特に家族に食物アレルギーを持つ人がいなくて、顔や体に湿疹がないという子には、5～6か月からはなんでも食べさせましょう。

とはいえ、実際に食べさせるのは心配かもしれません。初めての食品は、何かあったときに小児科を受診できるよう、なるべく平日の日中に与えましょう。そして、量は一口から。食物アレルギーは即時反応であることが多いので、通常1～2時間、遅くとも3時間以内に症状が出ます。症状はブツブツが出る、吐いたり下痢をしたりする、機嫌が悪くなる、息が苦しくなるなどと様々です。そういった症状があれば受診して、なければ徐々に食べる量を増やします。

外来診療をしていると、「離乳食開始前にアレルギー検査をしたい」と言う保護者の方が来られますが、その必要はありません。どんな食材でもアレルギーになる可能性があって、保険診療内で調べられる食材だけで80種類以上あります。すべて検査するわけにはいきませんし、たとえ血液検査で「アレルギーあり」という結果が出ても、食べて症状が出なければ食事制限をしないほうがいいので意味がありません。特に乳児では検査と症状が一致しないことがよくあり、大事なのは症状です。ですから、検査でアレルギーでなくても、何回か食べさせてみて症状が出るなら避けます。つまり、実際に食べさせてみないとわからないのです。

ただし、お子さんの湿疹がひどい、アトピー性皮膚炎と診断されている、家族に深刻な食物アレルギーの方がいるという場合は、離乳食開始前に小児科医に相談してください。

実際にアレルギーと診断されたら、必要最小限の食事制限をします。症状を誘発しない範囲の量を食べる、加熱・調理によって食べられるものは除去せず食べるように栄養指導を受けます。そして、集団生活をしている場合は除去食にしてもらえるよう、保育園や幼稚園、学校から用紙をもらって医師に指導票を書いてもらいましょう。場合によっては、エピペンというボスミン（アドレナリン）製剤が処方されます。これは重篤なアレルギー症状であるアナフィラキシー・ショックが起こった場合に、医師の治療を受けるまでの間、一時的に症状の進行を和らげる自己注射薬です。食物によるアナフィラキシーの発現から30分以内にエピペンを投与することが生命を左右することがあるので、説明をよく聞いて準備しておきましょう。保育園や幼稚園、学校の先生、理解できる年齢なら子ども本人にもしっかり説明してください。

A　間違った情報が出まわっているので、気になるときは専門医に相談しましょう。

※1　日本小児アレルギー学会　食物アレルギー診療ガイドライン２０１２　http://www.jspaci.jp/jpgfa2012/chap11.html

※2　G Du Toit et al. N Engl J Med, 2016. Apr; 374:1435-1443 その『ニュー・イングランド・ジャーナル・オブ・メディシン』の日本語要約 http://www.nejm.jp/abstract/vol374.p1435

Column 3

薬局との付き合い方② 処方薬

近年は医薬分業が進んでいるので、医療機関では処方箋をもらい、薬局で薬をもらうことが多いですね。

そのメリットとしては、①医師のほかに薬剤師もチェックすることで処方の信頼性が増す、②いくつかの医療機関でもらった処方箋をまとめて薬局でもらえる、③処方箋があれば薬をもらうのは代理人でも大丈夫、などが挙げられます。

薬の形状（錠剤や粉など）を変更してもらいたいとき、服用の回数を変更してもらいたいときなどは、薬剤師が処方した医師に相談して変更してくれることもあります。でも、処方の内容は変更できませんので、知っておいてくださいね。また、薬の飲ませ方、吸入や点眼・点鼻のやり方も薬剤師に聞くことができます。

処方箋をもらったら、4日以内に薬局に持っていかなくてはいけません。最近は処方箋のネット受付を行っている薬局もありますから、利用するといいかもしれません。期限を過ぎてしまっても、薬剤師が処方した医師に確認してくれることもあるので捨てずに相談しましょう。

たまに医療機関が「処方箋は、この薬局に持って行ってください。ほかの薬局はダメです」と薬局を指定することがあるようですが、これは違法です。そういうことを言われたらお住まいの地域の厚生局か保健所に連絡しましょう。

最後に、処方薬を受け取るときは、必ずお薬手帳を持参してくださいね。お薬手帳は飲み合わせのチェックをするためにとても有用ですし、ある程度の治療経過がわかるので災害時などにも役立ちます。

第3章
症状別の治療とケア

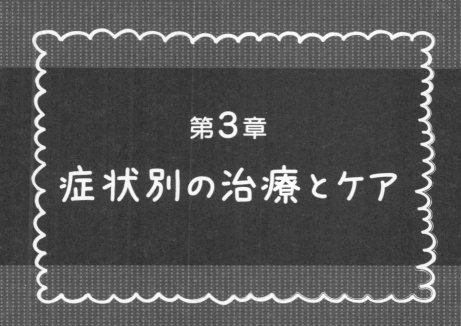

Q1 風邪のときにできることは？

風邪は、最も身近な感染症です。咳や鼻水、発熱などの症状が出る風邪を、医学用語では「急《きゅう》性《せい》上《じょう》気《き》道《どう》炎《えん》」とか「風邪症候群」と呼びます。

そんな風邪の原因は、80〜90％がウイルス、残りは細菌などの病原微生物。全体の30〜50％はライノウイルスが原因ですが、その血清型は100種類以上あり、ほかに原因となるウイルスだけで少なくとも数十種類があるので、原因の特定はほぼできません。

そして、風邪薬というのは症状を和らげる対症療法の薬です。だから「風邪に特効薬はない」とか「風邪を治す薬を作ったらノーベル賞もの」などと言われているんですね。早く風邪薬を飲んでも、早く病院や診療所へ行っても、早く治るということはありません。治すのは、患者さん自身。つまり、子どもでも大人でもよく寝てよく休むことが何より大切です。

まずは、環境を整えましょう。病気のときは横になって休むとラクなので、できれば清潔で柔らかい寝具があるといいですね。足音や話し声といった生活音まで控えなくてもいいと思いますが、騒音がするとか、振動が伝わるような環境ではゆっくり眠れません。ただ、ちょっとした風邪や少しくらいの発熱では元気な子もいます。日中は無理に寝かせる必要はありません。過ごしやすい家の中で、いつでも休息がとれるようにして遊ばせましょう。

それから寒いのも暑いのも、どちらもつらいものです。ちょうどいい室温と湿度が保たれていたら、居心地がいいでしょう。特に決まった数値はありませんが、冬季なら室温20～22度で湿度40～50％、夏季なら25～27度で50～60％くらいを、おおよその目安にするといいかもしれません。熱があって暑がる場合や寒気がして手足が冷たいようなときには、お子さんの様子に合わせて調節してくださいね。衣服も同様です。

食事はとれるなら、なんでもあげましょう。お子さんが小さかったら母乳や粉ミルクですね。上気道感染（いわゆる風邪）の場合、食事制限をする必要はありません。調子が悪いときは、バランスよく食べられなくても仕方がないので、食べられるものをあげてください。

お風呂に入れるかどうかで迷う方も多いようですが、ぬるめのお湯に適度な時間つかることは、体に負担をかけません。ですから、高熱があっても元気なら、お風呂に入れても大丈夫。でも、熱がなくてもぐったりしてつらそうだったら入れないでおきましょう。いずれにせよ、熱すぎるお湯に入れたり長湯させたりはしないでください。

なお、風邪で医療機関を受診したときに「抗菌薬（抗生物質）をください」と言う方がいますが、だいたいのケースで抗菌薬は不要で、医師が不要だと判断したものは処方できません。細菌が原因の肺炎や中耳炎、副鼻腔炎などの感染症に対して、その細菌に合った抗菌薬はよく効きます。でも、ほとんどの風邪はウイルスによるものなのでまったく効果がないからです。しかも、細菌感染に対する予防効果がないばかりか、腸内細菌叢を乱してお腹を壊してしまったり、より薬が効きにくい耐性菌ができてしまったりということもあり得ます。

最後に、有名な小児科の教科書には、子どもは平均して年6〜8回くらい風邪をひき、9〜15%は少なくとも12回も風邪をひくと記されています（※1）。そうして少しずつ強くなっていくので、お子さんの調子が悪いとき、必ずしも医療機関へ行かなくても大丈夫です。軽い風邪なら、慣れていて居心地のいい家で、周囲の人にやさしくしてもらうのがいちばんですね。重大な病気を疑うとき、家での看病だけではつらそうな場合は小児科を受診しましょう。

A 薬を飲んでも早く治るわけではありません。居心地のよい場所でゆっくりさせてあげて。

※1 Nelson Textbook of Pediatrics, 18th edition, Saunders, 2007, p1747-1749

Q2 鼻水がずっと出ています

風邪だけでなく、埃や空気の乾燥や冷たさによっても鼻水は出ますね。その原因は鼻粘膜が刺激されるせいですが、では風邪をひくと鼻水が出るのはなぜでしょうか。

私たちは常に呼吸をしていますから、空気が出入りする気道には様々な異物が入ってきます。だから、鼻毛によって大きな異物の侵入を防ぎ、粘液や線毛によって小さな異物を外に出すという仕組みになっているのです。それでも防ぎきれなかったウイルスなどの異物が体内に入って感染すると、気道で炎症が起こって粘膜が腫れ、鼻が詰まったり、鼻水が出たりするというわけ。鼻水には、ウイルスや細菌などの異物を外に追い出すという役目があります。

鼻水は、透明でサラサラした「水様性鼻汁《すいようせいびじゅう》」のこともあれば、黄色や緑色でドロドロとした「膿性鼻汁《のうせいびじゅう》」のこともあるでしょう。黄色や緑色の鼻水は、ウイルスや細菌と戦うために血液中から出てきた白血球とその壊れたもの、ウイルスや細菌の死骸を含んだ液体です。最初は透明だった鼻水の量が次第に少なくなり、色がついてきて治るのは普通ですから心配ありません。

鼻水をすすると炎症が長びくのですすらないよう伝え、鼻をかめる子は頻繁にかませて、鼻をかめない子は大人が取ってあげて、鼻腔から取り去ることが大切です。鼻水を取る器具には、

A

鼻水はこまめに取ることが何より大切です。色のついた鼻水が1週間以上続くなら受診を。

スポイト式やストロー式、電動式などがありますが、どれが最もいいということもないので使いやすいものにしましょう。下のイラストのようにティッシュペーパーを縦4分の1に折って片手に掛け、子どもの鼻の下に当てて、ティッシュだけ下へ引っ張ることで取る方法もあります。鼻のかみ方を教えるには、鼻の穴を片方ずつ押さえてティッシュを当てて「ふん、して」などと言ってみてくださいね。

ただし、色のついた鼻水が1週間以上続く場合は、抗菌薬を飲んだほうがいいこともあるので、小児科や耳鼻科を受診してください。医療機関では、鼻水の吸引が行われたり、抗ヒスタミン薬という鼻水や痰の分泌を抑える薬、抗菌薬などが処方されることがあります。

鼻水が出る主な病気

だいたいの場合は風邪症候群のせいでしょう。単なる風邪の場合は薬を使うよりも、こまめに鼻水を取りましょう。アレルギーを疑う場合は、小児科または耳鼻科を受診してください。

風邪症候群《かぜしょうこうぐん》

鼻水と鼻づまり、咳が主症状で、下痢をともなうこともある軽度の気道感染症のこと。筋肉痛などの全身症状がなく、熱は38.5℃未満であることがほとんどで自然に治ります。原因はウイルスなどの病原性微生物。中耳炎や肺炎といった合併症を起こすことも。

＜治療法＞

自然に治るので、薬はあまり必要ありません。使うとしたら症状を緩和する解熱鎮痛薬、去痰薬など。家で安静にして、水分を多く与え、体を休ませます。風邪による鼻水は薬では止まらないので、ティッシュや器具を使って取りましょう。

花粉症

季節性のアレルギー性鼻炎。植物の花粉が鼻や眼の粘膜に付くことで、鼻水や鼻づまり、くしゃみ、目のかゆみが起こります。原因となる植物は主にスギですが、ほかにもヒノキ、カモガヤ、ブタクサ、シラカバなど50種類くらいがあります。気になる場合は、小児科や耳鼻科で相談を。

＜治療法＞

抗ヒスタミンの内服薬（シロップ、粉、錠剤）か点眼・点鼻薬、またはステロイド薬を局所投与します。花粉情報を見て、飛散の多い日はマスクやメガネをする、窓を開けない、外出から戻ったら服を払って手洗い、うがいをしましょう。

副鼻腔炎《ふくびくうえん》（蓄膿症《ちくのうしょう》）

額や頬にある副鼻腔という空洞に細菌が入って炎症が起きる病気です。主な症状は、黄色や緑色で粘度の高い鼻水が出る、鼻づまり、頭痛。アレルギー性鼻炎との合併が多く、ほとんどは1～2週間で治りますが、3か月以上続くと慢性副鼻腔炎と診断されます。

＜治療法＞

細菌による病気なので抗菌薬を飲みます。ほかに鼻水を出しやすくする薬、粘膜を治す薬を併用することも。炎症が悪化しないよう鼻水はこまめに取りましょう。医療機関によっては、機械で鼻水を取ってくれるところもあります。

アレルギー性鼻炎《びえん》

通常、病原性のないハウスダストやダニ、ペットの毛、フケなどが粘膜に付着することで、免疫反応が過剰になって起こる鼻炎です。鼻水のほか、鼻づまり、くしゃみなどが起こることも。ほとんどの場合、熱が出ることはなく、2歳以上に多いでしょう。気になる場合は小児科へ。

＜治療法＞

抗アレルギー薬、抗ヒスタミンの内服薬、点鼻薬などで治療します。血液検査などで原因物質がわかれば除去し、拭き掃除や洗濯をこまめにし、敷物やぬいぐるみなどの原因物質が付着する布製品を置かないようにするといいでしょう。

Q3 咳がひどくてつらそうなのですが

咳は、空気しか入ってほしくないところ――つまり声門から下の気道に、空気以外のものが入ってきそうになったときや入ったときに、迷走神経が起こす「咳嗽反射《がいそうはんしゃ》」によって出ます。気道に空気以外のものが入ったままだと気管支炎や肺炎になってしまいますから、体の外へと出そうとするのです。そのほかにも、気温が変化したり埃っぽくても出ることがありますし、空気が乾燥していたり、煙などを吸ったりしても出ることがあります。

私たちの気道は粘膜でできていて線毛が生えていますが、ウイルスやマイコプラズマ、細菌が入って炎症を起こすと、分泌物が増えて痰になり、湿った咳「湿性咳嗽《しっせいがいそう》」が出ます。痰が絡んでいない咳は「乾性咳嗽《かんせいがいそう》」です。

また、いつもは聞こえない呼吸音が、胸から聞こえることがあるでしょう。息を吸うときに「ゼロゼロ」という音がするときは「吸気性喘鳴《きゅうきせいぜいめい》（ストライダー）」といって、上気道に何かが詰まったり、狭くなったりしています。風邪のときに多いでしょう。

子どもの咳の原因は、たいてい風邪や咽頭炎、気管支炎ですし、食欲があって、夜には眠れているようであれば、すぐに受診する必要はありません。

もちろん心配な場合、ほかの症状もあってお子さんがつらそうな場合は小児科を受診していただきたいのですが、じつは咳を止めるための「鎮咳薬《ちんがいやく》」は効果があるとは言いがたい薬です。また、よく「咳止めのテープをください」と言われますが、それは俗称で、正式には気管支拡張薬です。テープ状の気管支拡張薬は気管支喘息の発作や気管支炎には有効なものの、風邪や細気管支炎（72、74ページ参照）には効果がありません。鼻水などの症状がなくなっても咳だけがしつこく残るケースはありますが、ほとんどは2〜3週間くらいでよくなるでしょう。

自宅でできることとしては、室温を適切に保ち、加湿器を使うか濡れタオルを干すなどして加湿します。うがいができる年齢なら、痰が切りやすくなりますし、喉の加湿にもなるのでさせましょう。うがい薬は必要ありません。鼻水をかまないでいたり、すすってしまったりすると喉のほうに流れ込んで咳が改善しないので、こまめに鼻水を取ってください。

それから咳を鎮めるには、蜂蜜（※1）やアガベシロップ（※2）が何も与えないよりも有効であったという研究があります。寝る30分前に1回飲ませたところ、咳の頻度と重症度、睡眠が改善したということです。1歳未満の場合は蜂蜜などを口にできないため、水飴がいいでしょう。

では、風邪や気管支炎以外で、咳が出る病気はどんなものがあるでしょうか。

生後5〜6か月の子に多いのが百日咳ですが、今は四種混合ワクチンを生後3か月から受けるので、とてもめずらしい病気です。風邪のような症状が出たあとに、一度に10〜20回続けて咳が出てとても苦しくなります。治るまでに100日くらいかかるので百日咳と呼ばれます。

ワクチンのある病気は、かかって治すのではなく予防接種で防いでくださいね。

1歳前後に多いのが、気管支の最も細い管に炎症が起こる「細気管支炎」と喉頭のあたりに炎症が起こる「クループ症候群」。

細気管支炎は、RSウイルスやパラインフルエンザウイルスが主な原因で、「パリパリ」というような湿った咳、鼻水と発熱、呼気性喘鳴が出ますが、対症療法しかありません。一方、クループ症候群は、パラインフルエンザウイルスなどが主な原因で、「ケンケン」という犬が吠えるような咳が出て、発熱や声のかすれをともなうことも。小児科で腫れを抑えるボスミン（アドレナリン）の吸入やステロイドシロップの内服をするとラクになります。

どちらもひどくなると、血液中の酸素が足りなくなって「チアノーゼ」が出ます。手足の指や唇に普段のような赤みがなく青紫色になっているときは、急いで医療機関に行きましょう。

熱が高くて具合が悪かったり、しんどそうで長引いたり、胸を痛がったりする場合は「肺炎」かもしれません。小児科では、一般的に4日以上発熱が続いた場合に、様子を見ながらレントゲン写真を撮ったり採血したりして診断されることが多いでしょう。

肺炎には「ウイルス性肺炎」と「細菌性肺炎」があります。治療法は、ウイルス性なら抗ウイルス薬があるインフルエンザ以外は、点滴や鼻水の吸引、気管支拡張薬や鎮咳薬、去痰薬を飲む対症療法です。細菌性なら、それに加えて抗菌薬の内服や点滴を行います。細菌性肺炎はより重症になりやすいため、診断されたら忘れずに抗菌薬を飲みましょう。ウイルスと細菌の中間に分類されるクラミジアやマイコプラズマも肺炎を起こします。これも効果のある抗菌薬を飲み、あるいは点滴を行い、重症の場合はステロイドを使うこともあるでしょう。

咳が連続して止まらない、息を吐くときに「ヒューヒュー」という高い音の「呼気性喘鳴（ウィーズ）」がする場合は気管支喘息かもしれません（53ページ参照）。特に夜間や朝方に悪くなるので、眠れないほどだったり、チアノーゼがあったりしたら、救急外来・時間外窓口に電話をしたうえでかかりましょう（122ページ参照）。気管支拡張作用のある薬を吸入すれば、薬の効果と同時に加湿されて少しよくなるでしょうし、処方薬では気管支拡張薬、去痰薬、抗ヒスタミン薬などが出されます。ひどい場合には、点滴をしたり入院したりする場合もあります。

いずれにせよ、あまりにも咳がひどいときは、ただの風邪ではない可能性もあるので、小児科を受診してくださいね。

A

こまめに鼻水を取ってうがいをさせ、部屋を加湿するなど工夫してみてください。

※1　Allan GM, et al. CMAJ. 2014; 186 (3) : 190-199
※2　Paul IM, et al. JAMA Pediatr. 2014; 168 (12) : 1107-1113

咳が出る主な病気

最も多いのは風邪症候群（64、69ページ参照）ですが、ほかにも以下のような病気の可能性があります。肺炎などの場合は熱をともないますが、咳がずっと止まらず、具合が悪そうなら小児科へ。

気管支炎

肺の手前にある気管支が、ウイルスや細菌によって炎症を起こした状態。鼻から肺までの気道はつながっているので、風邪から気管支炎に移行することも多く、乾いた咳や痰が絡んだ咳が出て、発熱したり食欲が落ちたりします。数日から数週間で自然に治ることが多いでしょう。

＜治療法＞

ほとんどの場合、ウイルスが原因なので対症療法です。乾いた咳が多いときは咳止めや気管支拡張薬を出されることが多いですが、それほど効果はないでしょう。痰が絡んだ咳があると、痰を柔らかくして出しやすくする去痰薬を処方されます。

細気管支炎《さいきかんしえん》（RSウイルスなど）

より肺に近い細い気管支に炎症が起きる病気。発熱、鼻水、咳などが主な症状です。呼吸が苦しいため機嫌が悪く、哺乳力が低下することがあります。RSウイルスが原因であることが多く、ほかにはパラインフルエンザウイルス3型などで、主に冬に流行しますが、多くは自然治癒します。

＜治療法＞

ほとんどの場合、ウイルスが原因なので対症療法です。解熱鎮痛薬、去痰薬、鎮咳薬を飲んだり、薬の吸入や鼻水の吸引をしたりします。乳児の場合は哺乳量が減ったら、入院して点滴や酸素吸入をすることもあるでしょう。

クループ症候群

気管の入り口にある喉頭や声門のあたりが、ウイルスや細菌、アレルギー物質によって腫れる病気。生後６か月から３歳までに多く、初めは風邪症状ですが声がかすれ、犬が吠えるような咳をします。泣いたときや夜間に悪くなるので、時間外でも小児科などにかかりましょう。

＜治療法＞

アドレナリンの吸入、ステロイドの内服などを行い、必要に応じて酸素を吸入します。よくならないときは入院です。喉頭蓋炎を起こしている場合は、窒息の危険があるので緊急入院して気道を確保し、抗菌薬を投与します。

咽頭炎《いんとうえん》

喉が痛くなったり、咳が出たりする風邪のような症状です。多くがウイルス性で、喉の粘膜にアデノウイルス、エンテロウイルス、EBウイルスなどが付着することで喉が炎症を起こして赤く腫れ、痰が増えて咳が出ます。自然治癒しますが、つらい場合は小児科へ。

＜治療法＞

解熱鎮痛薬、痰を出しやすくする薬が処方されます。喉が痛いせいで食欲が落ちてしまうことがありますが、そういうときは母乳や粉ミルク、口当たりのいい食べものを与えましょう。水分をたくさん摂らせ、部屋を加湿してください。

肺炎（マイコプラズマなど）

病原性微生物が肺で炎症を起こしたもの。大きく分けてウイルス性、マイコプラズマ、細菌性の肺炎があります。どれも風邪以上に長く38℃以上の発熱、咳、鼻水が続き、ひどくなると呼吸が浅くなったり、胸が痛くなったり、激しい咳のために眠れなくなったりするので小児科へ。

＜治療法＞

ウイルス性は対症療法で水分補給、鼻水の吸引、解熱鎮痛薬、去痰薬や鎮咳薬の投与や吸入を行います。マイコプラズマ肺炎や細菌性肺炎は、それに加えて抗菌薬の内服をします。重症の場合は入院し、酸素吸入やステロイド投与をすることも。

誤嚥性肺炎《ごえんせいはいえん》

小さいものや灯油などの有害化学物質が胃につながる「食道」ではなく肺につながる「気道」に入ったり、嘔吐したときに胃酸が肺に入ったりして起こります。食後や嘔吐後にむせたり、コボコボという咳をしたりする場合は小児科へ。繰り返す場合は、胃食道逆流があることも。

＜治療法＞

薬を吸入したり、胸をタッピングしたり、麻酔をかけて内視鏡を使って誤嚥したものをできるだけ取ったりします。呼吸困難がひどければ人工呼吸管理をし、細菌に感染している場合は抗菌薬を投与することもあるでしょう。

気管支喘息《きかんしぜんそく》

アレルギーの原因物質によって気管支粘膜が腫れて気道が狭くなり、痰などの分泌物が出ることで、咳や呼吸困難が起こる疾患です。原因物質は、ダニやハウスダスト、動物の毛、カビなど。夜や朝方にひどくなり数日続くということを繰り返すので小児科へ。

＜治療法＞

発作時には、必要に応じてβ2刺激薬の吸入、ステロイド点滴投与、酸素吸入、入院など。長期的には、抗ロイコトリエン薬や去痰薬の内服、吸入ステロイドやステロイドとβ2刺激薬の合剤の吸入で炎症を抑えるなどの治療を行います。

先天性喘鳴《せんてんせいぜいめい》

生まれてまもなくからずっとゼイゼイしている状態。多くは喉頭部分が柔らかいために息を吸ったときに気道が狭くなって音がします。ほかにも舌根が落ちている、咽頭が柔らかい、気道を狭くする何かがあるという理由ですが、哺乳ができて元気なら問題ありません。

＜治療法＞

喉頭が柔らかいことが原因だった場合、9割以上が1歳までに自然治癒します。呼吸困難や感染症があって、酸素量が足りない場合は酸素を吸入したり、人工呼吸器などを使ったりします。稀に外科的な手術が必要な重症例も。

Q4 熱のときはどうしたらいいの？

まず、熱はどうして出るのでしょうか。その機序は大きく2つに分けられます。

ひとつは「うつ熱」。熱中症や日射病のときのように、外からの熱で体が温められ、しかもうまく下げられないときに熱がこもって起こる体温上昇です。これは、速やかに下げる必要があります（144ページ参照）。

もうひとつの発熱は、有害なものが体内に侵入したことによって出る熱です。私たちの体は、ウイルスや細菌、真菌などの有害な異物が一定量以上入ってくると、血管内皮細胞・単球・マクロファージなどの細胞が伝達物質を出し、脳の体温調節中枢に非常事態を伝え、体温を上げる仕組みになっています。具体的には、寒気を感じさせる（衣服を着させる）、筋肉を震わせて体内での熱産生量を増やす、熱を奪う汗の分泌量を減らす、手先・足先の皮膚の血管を収縮させて熱の放散を減らすなどして体温を上げるのです。

こうして体温を上げるのには理由があって、体温が高いほうが異物を追い出すための免疫機能がうまく働き、風邪を引き起こすようなウイルスは高い温度に弱いため。つまり、熱は体がウイルスや病原菌のような有害な異物と戦うために上がるので、むやみに下げてはいけません。

たまに「熱が上がりすぎて頭がおかしくなるのでは」と心配する方もいます。でも、人体に有害な体温は41・1〜43・3℃と言われていて、私たちの体には体温が41℃以上になることを防ぐ仕組みがあります。「熱が出たあとに障害が残った人の話を聞いたことがある」と言う方もいるかもしれませんが、それは熱のせいではないでしょう。ウイルスや細菌によって髄膜炎や脳炎になり、発熱とともに中枢神経に炎症が及んで後遺症が残ったのだと思います。髄膜炎や脳炎は、風邪による発熱を放っておいたからといってなるものではなく、初めから風邪とは違う病気です。

熱が上がるときは、体温中枢が設定した体温になるまで寒気がします。お子さんが、寒そうにしているときには温めてあげてください。でも、熱が上がりきって顔が赤くなり、暑そうにしたら温めてはいけません。たまに汗をかかせて熱を下げようと、お子さんを温めたり、水分をたくさん摂らせようとする方がいますが、汗をかいたら熱が下がって病気が治るのではなく、病気が治ってくると汗をかいて熱が下がるので、順番が逆です。

特に自分で脱ぎ着ができない子は、熱がこもってうつ熱になるかもしれません。衣類や掛け布団をいつもより少ないくらいにし、嫌がらなければ保冷剤や氷枕などをタオルで包んで、頭や首の後ろに当ててあげましょう。ちなみに、おでこに貼る冷却シートは体温を下げるわけではなく、気持ちがよくなるだけです。小さな子どもの場合は、自分で触ってしまって鼻や口をふさぐ窒息事故が報告されているので、保護者の方が目を離す際には取りましょう。

そして、高熱で眠れなかったり、関節痛や筋肉痛があったりするのはつらいもの。あまりに食べられない、飲めないという場合には脱水症も心配です。そんなときは無理をさせないで、解熱鎮痛薬を使いましょう。解熱鎮痛薬を使う目安は、38・5℃以上あってぐったりしているとき、または発熱以外に痛みもあるときと考えてください。たとえ熱が39℃以上あっても、お子さんが元気だったら使う必要はありません。

解熱鎮痛薬は小児科で処方してもらえますが、薬剤師または登録販売者が対応する薬局で、市販薬として買うこともできます。子どもの場合は、最も副作用の少ないアセトアミノフェンのものを選びましょう。使い方は、シロップだったらそのまま飲ませてください。粉の場合も同じですが、何かに混ぜて飲ませてもかまいません。水、ジュース、ゼリー、ゼリー状になっているオブラート、アイスクリームなどの普段から好きなものに混ぜるといいでしょう。

坐薬の場合は、おむつを替えるときのように子どもを仰向けに寝かせて、両脚をM字に曲げ、肛門に入れて4～5秒間押さえてから、両足を真っ直ぐ伸ばすと筋肉の動きによって奥に入っていきます。錠剤が飲める子は、多めの水や麦茶などで飲ませましょう。

たまに、解熱鎮痛薬を飲ませたのに平熱にならないと心配する方がいますが、少し下がっただけでも体のつらさは軽減するはずです。お子さんが少しでもラクになったら、効いたと判断してくださいね。また、効果は数時間で切れますから、再び発熱しても驚かないでください。4～6時間あけたら再投与してもかまいません。でも、1日2回くらいにしておきましょう。

解熱鎮痛薬を保管する際は、直射日光の当たらない涼しい場所に置いてください。坐薬は、気温が高いと柔らかくなってしまいます。薬の効き目は変わりませんが、形が変わると使いにくくなるので冷蔵庫に入れておくのがおすすめです。保管できる期間は、子どもは成長して体重が増えることで薬の適正量が変わるし、使用期限もありますから半年から1年程度です。それを過ぎたら捨てましょう。また、きょうだいに処方された薬や、あまりないとは思いますが友達にもらった薬を使うのはやめましょう。

小児科を受診する目安は、熱プラス何かの症状があるときです。熱はあるけれど、元気だし食欲もあるという場合は必要ありません。熱とともに発疹がある、鼻水と咳が出てつらい、喉が痛い、目が赤い、機嫌が悪くて眠らないなどというときは小児科に行きましょう。ただし、生後6か月までの小さな子は、重大な病態でも症状が現れにくいので、熱だけでも様子をみずに受診してくださいね（114ページ参照）。

A 生後6か月以内や様子がおかしい場合は受診を。それ以外は解熱鎮痛薬を使ってもいいでしょう。

熱が出る主な病気

鼻水や咳と同じように、最も多いのは風邪症候群（64、69ページ参照）で、その場合は必要に応じて解熱鎮痛薬を使います。ほかにも以下のような病気の可能性があるので確認しておきましょう。

気管支炎

肺の手前にある気管支が、ウイルスや細菌によって炎症を起こした状態。鼻から肺までの気道はつながっているので、風邪から気管支炎に移行することも多く、乾いた咳や痰が絡んだ咳が出て、発熱したり食欲が落ちたりします。数日から数週間で自然に治ることが多いでしょう。

＜治療法＞

ほとんどの場合、ウイルスが原因なので対症療法です。高熱がある場合は、解熱鎮痛薬を。咳がひどい場合は、気管支拡張薬や痰を出しやすくする去痰薬が処方される場合もあります。水分を摂って安静にしましょう。

写真は153ページ

突《とっ》発《ぱつ》性《せい》発《ほっ》疹《しん》

多くが生後６か月以降に発熱が３～５日間続き、解熱後に顔・体幹に赤い発疹が出る病気。軽く下痢をすることもありますが発熱だけのことが多く、発疹は痛くもかゆくもなく数日で自然に消えます。原因のほとんどはヒトヘルペスウイルス6型。稀に何度かかかることもあります。

＜治療法＞

初めての発熱であることが多く、保護者の方はとても心配しますが、対症療法しかありません。自然治癒するので、つらそうなときだけ解熱鎮痛薬を。乳児は、離乳食を食べたがらなくなっても母乳や粉ミルクをとれていれば大丈夫です。

中耳炎

耳の鼓膜の奥にある中耳にウイルスや細菌が入って、炎症を起こす病気です。耳が痛んだり聞こえにくくなったり、熱が出るのが主な症状。中耳炎・副鼻腔炎を繰り返している場合は、中耳腔に分泌物がたまる滲出性中耳炎になっている可能性があります。耳鼻科か小児科へ。

＜治療法＞

去痰薬が処方されることが多いでしょう。抗菌薬が出された場合は自己判断で勝手にやめないようにしましょう。薬の効かない耐性菌ができてしまうからです。膿が溜まった場合は耳鼻科で鼓膜切開をして出し、滲出性中耳炎が長びく場合はチューブを入れて出します。

尿《にょう》路《ろ》感《かん》染《せん》症《しょう》

おしっこが作られて体外に出るまでの尿路のどこか（腎盂、尿管、膀胱、尿道）に細菌が入って、炎症が起こる病気です。その多くは大腸菌が原因。熱以外の症状はあまりないものの、大きい子では頻尿や排尿時痛、残尿感、腹痛などを訴えることがあるので、小児科で相談を。

＜治療法＞

尿検査で原因菌を調べ、それに効く抗菌薬を内服し、効果がなければ入院して点滴で投与します。繰り返す尿路感染症は、落ち着いた時期に画像診断で基礎疾患がないかチェック。予防的に抗菌薬の少量内服を長期的に行うこともあります。

写真は155ページ

溶連菌感染症《ようれんきんかんせんしょう》

A群溶血性連鎖球菌が、咽頭や扁桃などで炎症を起こす感染症。発熱、喉の痛みや腫れ、体の発赤疹、舌がイチゴのように赤くなる「苺舌」が特徴です。解熱して発疹が消えた頃、手足の先の皮がむけることがあります。抗菌薬を飲み始めて24時間後、解熱するまでは出席停止です。

＜治療法＞

診断は臨床症状から、または迅速診断キットや培養検査で行います。治療は、解熱鎮痛薬と抗菌薬。リウマチ熱や急性糸球体腎炎になる恐れがあるので、抗菌薬は指定された日数分内服し、途中でやめないことが重要です。

インフルエンザ

急な高熱、頭痛や体の痛み、鼻水や咳などの上気道症状、嘔吐や下痢などの消化器症状、だるさを起こすインフルエンザウイルスによる感染症。感染者のくしゃみや咳の飛沫からうつり、潜伏期間１～３日で発症するのが特徴です。毎年11～3月くらいに流行します。

＜治療法＞

流行状況と臨床症状から、または迅速診断キットで診断します。抗インフルエンザ薬を使う場合もありますが、対症療法のみのことも。解熱鎮痛薬、去痰薬や鎮咳薬、整腸剤の内服をしますが、最も大事なのは安静と水分補給です。

咽頭結膜熱《いんとうけつまくねつ》(プール熱)

アデノウイルス３型などによる夏風邪の一種。発熱、喉の腫れや痛み、目の充血・痛み・かゆみ、目やにが主症状です。腹痛や下痢があることも。水を介してうつることがあるためプール熱と呼ばれますが、プールに行かなくてもかかります。熱は４～５日で下がり、自然治癒します。

＜治療法＞

臨床症状、または迅速診断キットで診断します。治療は、必要に応じて解熱鎮痛薬を使うのみ。口当たりのいい食事を与えること、こまめに水分補給をすることが大切です。唾や便からウイルスが出るので手洗いで感染を予防しましょう。

ヘルパンギーナ

喉の痛みと高熱が特徴の夏風邪の一種。エンテロウイルス（コクサッキーウイルスやエコーウイルスなど）が原因です。熱は２～３日で下がりますが、喉の奥が赤くなり水疱や潰瘍ができるため、赤ちゃんはよだれが増えて哺乳量が減り、大きい子でも機嫌が悪くなり食欲が落ちます。

＜治療法＞

自然治癒しますが、つらい場合は解熱鎮痛薬を使います。喉が痛いので、口当たりのよい食品を与えましょう。食事を嫌がったら水分を摂らせます。乳児の場合、一時的に離乳食をやめて母乳や粉ミルクだけになってもかまいません。

写真は155ページ

水痘《すいとう》（水ぼうそう）

水痘・帯状疱疹ウイルスによる感染症。潜伏期間は約２～３週間で、発熱は軽く、発疹が半日～1日で全身に広がります。丘疹、水疱、膿疱、かさぶたのいろいろな段階の発疹が混在するのが特徴で、頭皮、口の中や目の粘膜にできることも。必ず病院に電話してから受診しましょう。

＜治療法＞

発症から２日以内に抗ウイルス薬を内服すると、発疹の数が少なくてすみます。かゆい場合は軟膏を塗りましょう。すべてがかさぶたになるまで出席停止です。現在は定期予防接種になっているので、必ずワクチンを２回打ってください。

写真は155ページ

手足口病《てあしくちびょう》

夏に多いエンテロウイルス（コクサッキーウイルスやエコーウイルス）によって起こる感染症。飛沫感染や便から出たウイルスが経口感染することでうつります。発熱、手足と喉・口の周囲に小さな水疱ができるのが特徴。熱は１～３日程度で下がり、水疱も７日程度で消えます。

＜治療法＞

ほかの自然治癒する感染症と同様、治療は必要に応じて解熱鎮痛薬を使い、刺激の少ない食事をあげること、水分補給が大切です。唾からは1週間程度しかウイルスが出ませんが、便からは数週間排出されるので感染しないよう要注意。

肺炎

病原性微生物が肺で炎症を起こしたもの。大きく分けてウイルス性、マイコプラズマ、細菌性の肺炎があります。どれも風邪以上に長く38℃以上の発熱、咳、鼻水が続き、ひどくなると呼吸が浅くなったり、胸が痛くなったり、激しい咳のために眠れなくなったりするので小児科へ。

＜治療法＞

ウイルス性は対症療法で水分補給、鼻水の吸引、解熱鎮痛薬、去痰薬や鎮咳薬の投与や吸入を行います。マイコプラズマ肺炎や細菌性肺炎は、それに加えて抗菌薬の内服をします。重症の場合は入院し、酸素吸入やステロイド投与をすることも。

流行性耳下腺炎《りゅうこうせいじかせんえん》（おたふく風邪）

ムンプスウイルスによる感染症。潜伏期間は２～３週間。耳の下にある耳下腺の片方か両方が腫れて痛くなり、約半数が発熱します。多くは10日程度で治りますが、合併症として髄膜炎や難聴、精巣炎や卵巣炎が起こることがあります。様子がおかしい場合は電話をしてから小児科へ。

＜治療法＞

必要に応じて解熱鎮痛薬を使うしかありません。食欲が落ちることが多いので、軟らかく刺激の少ないものを食べさせましょう。腫れてから５日が経過し、全身状態がよくなるまで出席停止です。ワクチンは2回接種しましょう。

すぐに受診!

髄膜炎《ずいまくえん》

脳や脊髄を覆う髄膜に炎症を起こす疾患。ウイルス性はエンテロウイルスによるものが多く、高熱、嘔吐、頭痛があります。細菌性は、加えて意識障害やけいれんを起こすことが多く、治療が遅れると命に関わります。ぐったりしていたり、意識がなかったりしたら急いで病院の小児科へ。

＜治療法＞

血液検査や腰に針を刺して髄液を取る髄液検査などで診断。ウイルス性は解熱鎮痛薬などの対症療法を、細菌性は入院して髄液中の細菌を特定して抗菌薬投与を行います。ヒブワクチン、肺炎球菌ワクチンの接種が予防につながります。

すぐに受診!

川崎病

原因不明の全身の血管炎。40℃近い高熱、手足の先の腫れ、目の充血、首のリンパ節の腫れ、唇と舌の発赤、胸やお腹の発疹という6つの症状が特徴です。うつる病気ではありませんが、合併症として心臓の冠動脈に動脈瘤ができることがあるため、疑ったら早く病院の小児科を受診しましょう。

＜治療法＞

近年、症状が揃わない不全形が増加しています。疑わしい場合は入院して血液検査と心臓のエコーを行います。アスピリンの内服と大量ガンマグロブリン療法を行い、ほかに炎症を抑える治療を加えることもあります。

写真は155ページ
すぐに受診!

麻疹《ましん》（はしか）

麻疹ウイルスによる感染症。感染力が非常に強く、潜伏期間は10日前後。初めは発熱と風邪のような症状で熱はいったん下がりますが、次に口の中に白い発疹が出て熱が再び上がり、体中に発赤疹が出ます。適切な治療をしても1000人に1～2人亡くなる病気です。必ず病院に電話してから受診を。

＜治療法＞

対症療法しかないため、水分補給をしながら解熱鎮痛薬を使い、肺炎・中耳炎・脳炎などの合併症がある場合はその治療を行います。1割程度は入院となり、通常10日程度で回復しますが、解熱後3日まで出席停止です。外出も控えてください。

風疹《ふうしん》（三日はしか）

風疹ウイルスによる感染症。潜伏期間は2～3週間で、飛沫・接触感染すると熱と細かい発疹が全身に出ます。ときに関節炎、血小板減少性紫斑病、急性脳症といった合併症が起こることも。また、妊娠中に風疹になると、胎児が先天性風疹症候群になる危険性があります。

＜治療法＞

解熱鎮痛薬を使うなどの対症療法のみ。発疹が完全に消えるまで出席停止です。1979年4月以前生まれの男性はワクチン接種歴がなく、1990～2006年生まれの男女は1回接種のみ。ワクチンは必ず2回接種しましょう。

Q5 インフルエンザになってしまいました

インフルエンザウイルスは飛沫感染が多く、接触感染することもあり、1~3日の潜伏期間のあと、多くが急な高熱(39~40℃)で発症します。

子どもは風邪だと熱があっても元気なことが多いのですが、インフルエンザの発熱の際にはとてもしんどそうです。これはインフルエンザが悪寒や頭痛、筋肉痛、関節痛をともなうことが多いからでしょう。そして鼻水や咳が出たり、強い倦怠感があったりします。気持ちが悪いとかお腹が痛いといった胃腸症状がある場合もあります。

発熱から12時間がたっていると、迅速診断キットでインフルエンザかそうでないかの検査ができますが、それを使わずに周囲で流行しているからとか臨床的な症状から診断されることもあるでしょう。ほとんどが1週間程度で自然治癒しますが、発熱期間が5日程度あってとてもつらいので、抗インフルエンザ薬や解熱鎮痛薬、去痰薬、抗ヒスタミン薬などを処方してもらうことがあります。タミフル、イナビル、リレンザ、ラピアクタなどの抗インフルエンザ薬はインフルエンザウイルスの増殖を抑えるので、有熱期間を1日弱短くすることができます。ただし、発熱してから48時間以内に投与しないと効果は期待できません。

家でのケアは、風邪と同じで、ゆっくり休むことが何より大切です（64ページ参照）。

風邪と違うのは、異常行動が起こる危険性があるところ。「タミフルで治療中の子どもが窓から飛び降りた」などという事例が報道されたので心配な方は多いでしょう。そういった異常行動は、抗インフルエンザ薬を使わなくても、高熱によって起こることがあります。発熱してから丸2日間は、できるだけ目を離さないようにしましょう。

それから「インフルエンザ脳症」は稀な病気ですが、死亡率が高く重い病気です。5歳未満の乳幼児に多く、おかしなことを言う、呼びかけに反応しない場合は、急いで医療機関に行きましょう。重い意識障害やけいれんを起こし、脳症以外にも多臓器の障害、播種性血管内凝固症候群《はしゅせいけっかんないぎょうこしょうこうぐん》や血球貪食症候群《けっきゅうどんしょくしょうこうぐん》などを併発することがあります。入院して、抗インフルエンザ薬、ガンマグロブリン、ステロイドなどを点滴で投与します。

インフルエンザは感染力が強いので、外出していいのは〈発症から5日間〉、あるいは〈乳幼児は解熱後3日の平熱期間〉〈小学生以上は解熱後2日の平熱期間〉を終えてからの長いほうです。園や学校によっては、治癒証明書が必要なこともあります。

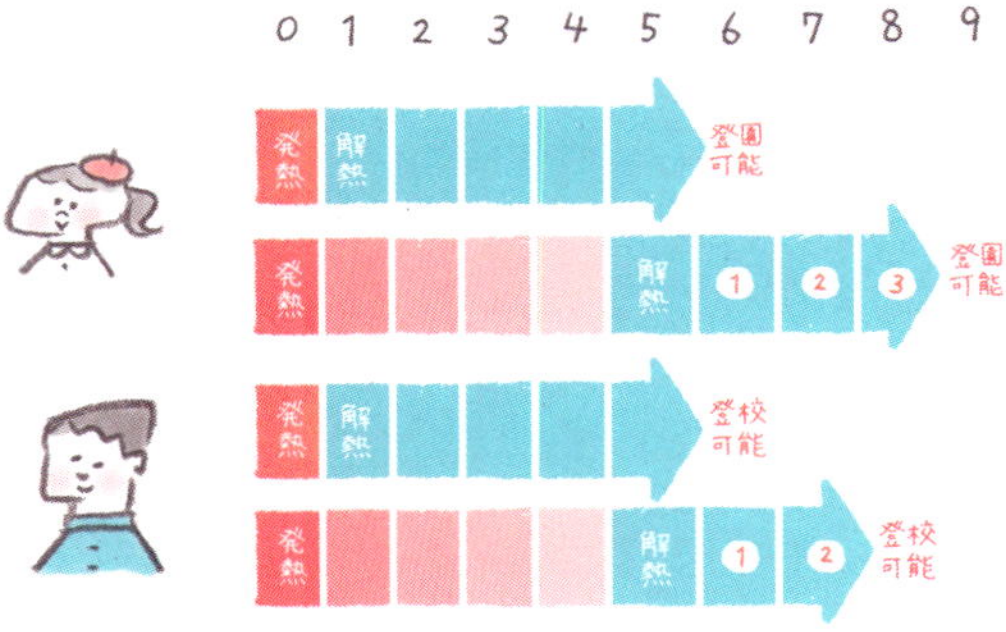

最後にとても大切なことです。インフルエンザはつらい感染症だし、確率は低いとはいえ、特に5歳未満の場合はインフルエンザ脳症、中耳炎、クループ、肺炎などを引き起こすこともある怖い病気です。たとえ感染しても入院や重症化のリスクが防げることを考えると、毎年10月頃から家族で、それが難しいなら子どもだけでもワクチンを接種したほうがいいでしょう。

「毎年、流行するウイルスの型が変わるから効かない」という説があります。確かに、ワクチンの製造時期には流行するウイルスの型を特定できないので、必ずしも型は一致しません。でも、まったく効かないというのは大きな誤解です。2015年に慶応大学などの研究チームが発表した論文では、特に1〜12歳でインフルエンザワクチンの効果が高いことがわかりました（※1）。また、厚生労働省やアメリカの疾病対策センター（CDC）も、インフルエンザワクチンには効果があり、毎年接種したほうがいいと言っているのです（※2、3）。

A

抗インフルエンザ薬をとってもとらなくても、高熱による異常行動や脳症に注意して。

※1　Masayoshi Shinjoh et al.：2015; 10(8)：e0136539.　http://www.ncbi.nlm.nih.gov/pmc/articles/PMC4552891/
※2　厚生労働省「インフルエンザQ＆A」　http://www.mhlw.go.jp/bunya/kenkou/kekkaku-kansenshou01/qa.html
※3　Influenza（Flu）Centers for Disease Control and Prevention　https://www.cdc.gov/flu/protect/keyfacts.htm

Q6 嘔吐や下痢の対処法を教えてください

ウイルスや細菌などによって消化管に炎症が起こることで、下痢をしたり吐いたりする感染症を「胃腸炎」と呼びます。「お腹の風邪」、「嘔吐下痢症」という呼び名もあるし、ウイルスの名前をとって「○○感染症」と呼ばれることもありますね。

最も有名なのは、毎年12〜5月くらいまでに多い「ノロウイルス感染症」でしょう。ノロウイルスは、①感染者の糞便や嘔吐物がついた手で触った食品、汚染された二枚貝を生や加熱不十分な状態で食べた場合などの「接触感染」、②飛散した糞便や嘔吐物を吸い込んだ場合などの「飛沫感染」、③糞便や嘔吐物の処理が不完全なためにウイルスを含む塵が舞い上がったものを吸い込んだ場合などの「空気感染」によって感染します。

症状は1日10回くらい嘔吐するなど激しいのが特徴で、腹痛・頭痛・発熱をともなうこともあり、合併症にはけいれん（104ページ参照）、脳症、腸重積（92、93ページ参照）、腸閉塞などがあります。迅速診断キットを使って診断できますが、保険適用は3歳未満と65歳以上のみで、それ以外の年齢は自費です。しかも、ノロウイルスが原因とわかっても対症療法しかないので、診断キットがない医療機関も少なくありません。

もうひとつ有名なのが、毎年1〜5月頃に乳幼児に流行する「ロタウイルス感染症」です。口からウイルスが入ることで感染し、嘔吐と下痢を起こします。発症してすぐのときだけ白い便が出るのが特徴で、発熱、腹痛、脱水を起こすこともあるでしょう。稀に、けいれんや脳症といった合併症を起こすことも。便検査は保険適応ですが、置いていない医療機関もあります。治療法は、ほかの胃腸炎と同じく対症療法しかありません。（写真は156ページ）

ロタウイルスがノロウイルスと違うのは、ヒトにしか感染せず、ワクチンという予防方法があることです。ロタウイルスワクチンは飲むタイプで初回は生後15週までに行います。「任意接種だから受けなくていい」「ありふれた病気だからワクチンは必要ない」といった意見を目にします。確かに、日本でもみんな5歳までに少なくとも一度は感染し、5歳以下の子どもがかかると15人に1人が入院するほどよくある感染症です。でも、だからこそワクチンが普及したことでロタウイルス感染症になる子が減り、救急外来受診数や入院数がとても減りました。

ロタウイルス感染症は衛生状態のよい先進国でも、よくない途上国でも平等にかかるため、医療費削減の効果が高いのです（※1）。これは、もちろん医療費だけでなく、ロタウイルスによって苦しむ子ども、看病や嘔吐・下痢の後始末をする保護者の苦労も減るということ。ロタウイルスワクチンは、世界100か国以上で接種されています。

ワクチンのない胃腸炎は、ウイルスを口に入れないよう工夫するしかありません。最も重要なのは手洗いです。帰宅後、調理前、食事前、トイレ後、感染者の看病や汚物を処理したあとなどに手を洗いましょう。指輪をしていたら外して、石けんを泡立てて洗い、流水で流して、きれいなタオルで拭きます。感染者とは別のタオルを使いましょう。

また、汚物処理の際は、使い捨ての手袋とマスクを使ってください。服や床などが汚れたら、次亜塩素酸ナトリウム（市販の塩素系漂白剤）で浸すように拭いたり、漬けておいたりすると効果的です。次亜塩素酸ナトリウムは、200ppmの濃度に薄めたものを使います。500㎖のペットボトルに、キャップ半分（約2㎖）の5％次亜塩素酸の原液を入れて水で薄めると200ppm。濃度が70～80％の消毒用アルコール、熱湯でも効果があります。

ウイルスは一般的に熱に弱いので、食中毒を防ぐためには食品を十分に加熱して食べることも大切です。ノロウイルスは、中心部分も含めて食品が85～90度になるようにし、90秒以上加熱すると死滅すると言われています。

残念ながら、胃腸炎になってしまった場合、医療機関に行っても効果的な薬はないため、家での治療が中心です。ゆっくり過ごし、食事はとれたら普通にとりましょう。ただ、食べてもすぐ吐いてしまうという状況なら、水分を摂る程度がいいかもしれません。でも、激しく吐くのは一般的に1日くらいのこと。もしも本人が食べたそうにしたり、「食べたい」と言ったりした場合は与えましょう。固形のほうが、液体よりも吐かない場合もあります。

自宅でのケアについては、次の「急性胃腸炎によい治療の9つの柱」が参考になりますから、詳しく説明しますね（※2）。

①脱水の水分補正には経口補水液（ORS:Oral Rehydration Solution）を用いる
②使用するORSは低張液とする（日本で発売されている3種類は当てはまります）
③ORSによる脱水補正は急速（3〜4時間）に行う
④食事の再開は早く行い、固形食を含む正常食とする
⑤治療乳は不要
⑥希釈乳は不要
⑦母乳栄養児では母乳を続ける
⑧治療中の水分喪失はORSで補正する
⑨不必要な薬物は使用しない

嘔吐や下痢をしたときは、早めの水分補給が大切です。経口補水液（またはリンゴジュースを水で2倍に薄めたもの）を30分に50㎖くらいのゆっくりしたスピードで与えます。経口補水液は、医療機関で処方してもらうこともできますが、「OS-1」という名前で薬局などで売られています。通常のスポーツ飲料は、糖分が多すぎてミネラルが少ないので適しません。乳児の場合、母乳を飲んでいる子には好きなだけ飲ませます。粉ミルクを飲んでいる子には、普通の粉ミルクを薄めずに与えましょう。満足するまであげてください。

そして、ある程度吐き気がおさまって食べられそうなら、食べ慣れたものをあげましょう。離乳食から普通の食事に進んだお子さんに、わざわざお粥をあげなくてはいけないということ

はありません。これは食事を控えて水分ばかり与えていると、かえって腸管の機能回復が遅くなるからです。消化の悪い繊維が多いもの、油っぽいもの、冷たいものを避ければなんでもかまいません。飲めないし食べられないという場合には、医療機関で点滴をしたり入院したりする場合もありますから、受診してください。

お風呂は無理がなければ入ってもかまいません。特にお腹が痛いとき、下痢をしているときは、お腹を温めるとラクになることが多いので、可能なら入浴させてあげてください。お風呂に入る元気がない場合は、濡れタオルをビニール袋に入れて、電子レンジで温めてお腹に当ててあげるとか、湯たんぽや使い捨てカイロをタオルに包んで使うのもいいでしょう。ただし、低温やけどには注意してくださいね。ちなみに胃腸炎の痛みには、解熱鎮痛薬はあまり効果が期待できないことも知っておきましょう。

A　効果的な薬はないので、家族にうつらないよう気をつけながら水分補給などのケアを。

※1　「ニュー・イングランド・ジャーナル・オブ・メディシン」日本語要約。http://www.nejm.jp/abstract/vol365.p1108
※2　Szajewska H et al. J Pediatr Gastroenterol Nutr. 2000 May; 30(5): 522-7

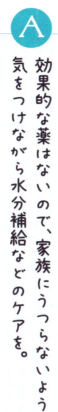

嘔吐や下痢が起こる主な病気

一般的に風邪症候群（64、69ページ参照）かウイルス性胃腸炎・細菌性胃腸炎によって起こることが多いのですが、症状には違いがあります。また、ほかにも以下のような病気があるので知っておきましょう。

■ 嘔吐と下痢

細菌性胃腸炎（キャンピロバクター、サルモネラ、病原性大腸菌など）

細菌による胃腸炎。保存状態が悪い食品、加熱不十分な食肉・魚介類などを食べることで感染します。キャンピロバクターなどによる感染型、ボツリヌス菌などによる毒素型があり、感染型は発熱・血便・腹痛、毒素型は腹痛・嘔吐・下痢が激しいのが特徴。症状が重い場合は小児科へ。

＜治療法＞

安静にして、経口補水液で水分・電解質・糖の補給を。腹痛には解熱鎮痛薬が効きにくいので温めると少しラクになります。ウイルス性胃腸炎よりも症状が重いことが多く、医療機関で点滴や抗菌薬を投与したり、入院することもあります。

脳症《のうしょう》　合併症

腸管出血性大腸菌である0157などの場合、溶血性尿毒症症候群（HUS）や脳症を起こすことがあります。過去に井戸水や加熱不十分な肉、仕出し弁当で報告あり。激しい下痢と血便、尿量の減少、意識障害があったらすぐに医療機関へ。

脱水症　合併症

嘔吐や下痢で水分が失われることで脱水が起こります。ぐったりして目が落ちくぼんでいる、12時間以上おむつが濡れない、口や舌が乾いている、肌が冷たく白い場合は医療機関へ。経口補水液が飲める場合は早く飲ませてください。

ロタのみ
写真は156ページ

ウイルス性胃腸炎（ノロ、ロタ、アデノなど）

ウイルスによって起こる胃腸炎。12～72時間の潜伏期間後に、発熱と嘔吐、腹痛が発症して下痢が始まります。特に乳児にはロタウイルスが多く、初めだけ白い下痢便が出ます。嘔吐は１～２日程度でおさまり、下痢は３週間程度続くこともありますが自然治癒します。

＜治療法＞

薬は不要です。乳児の場合は母乳か粉ミルク（薄めない）、子どもにはスポーツ飲料ではなく経口補水液を少しずつ頻回にほしがるだけ飲ませます。絶飲食すると脱水症が心配なうえ治るのが遅れるので、消化のよい食事を与えましょう。

食物アレルギー

アレルゲンとなる食品をとったあとに消化管の動きが悪くなり、腹部膨満や嘔吐、下痢、体重増加不良、ときに血便が起こります。新生児と乳児に多く、原因は主に鶏卵、ミルク、小麦。原因となるものを除去するとよくなるので、特定するために小児科かアレルギー科へ。

＜治療法＞

成長を妨げないよう、医師の診断のうえ、必要最少限の原因食物の除去をします。自己診断は禁物です。なお、成長とともに１歳で半数以上、２歳で9割前後がアレルギーを起こさなくなりますから、かかりつけ医と一緒に様子をみましょう。

風邪
鼻水
咳
熱
インフルエンザ
嘔吐や下痢
発疹
けいれん

■ 嘔吐のみ

写真は156ページ

すぐに受診!

腸重積症《ちょうじゅうせきしょう》

腸の一部が腸に入り込む病気。生後４か月〜２歳の子に多く、腹痛・嘔吐・血便が特徴ですが、乳児だと血便だけのこともあり、イチゴジャムのような血便が出ます。嘔吐してはけろっとすることを繰り返し、時間がたつごとにぐったりします。なるべく早く病院の小児科へ。

＜治療法＞

エコーや注腸検査で診断され、発症からすぐであればバルーンカテーテルを使って肛門から空気やバリウムなどを入れることで圧を加え、重積した腸管を戻します。発症から時間がたっている場合は緊急手術を行い、２〜３週間入院することに。

周期性嘔吐症《しゅうきせいおうとしょう》

主に３〜５歳の子が疲れたとき、体の調子が悪いときに起こる、原因不明の嘔吐。元気がなくなりぐったりして、数時間から数日、何度も吐きます。腹痛やめまいがあることも。緑色の胆汁や血性のものが混ざることがありますが、成長すると自然に治って吐かなくなります。

＜治療法＞

一般的な血液検査や血液ガス分析、代謝系の検査、頭の画像診断、脳波などを検査することがありますが、ほとんど心配ありません。水分を摂れないときは、水分や電解質、糖を点滴したり、吐き気どめの坐薬を使うことがあります。

■ 嘔吐のみ

機能性便秘症

便秘によってお腹が張ると、吐くことがあります。週に3回未満あるいは5日以上出なければ便秘。子どもの1割以上にあり、ほとんどは病気のない機能性便秘症です。便が腸にたまる、水分が吸収されて便が硬くなる、排便のときに痛いから我慢するという悪循環が起こります。

＜治療法＞

赤ちゃんなら綿棒刺激、幼児以上ならグリセリン浣腸や坐薬、便秘の内服薬を使います。どれも癖にはならないので大丈夫。便秘を放置すると、より便がたまりやすくなりひどい便秘になるので、週に3回以上出すようにしましょう。

■ 下痢のみ

乳糖不耐症《にゅうとうふたいしょう》

乳糖分解酵素の活性が先天的に低下または欠損している場合、乳製品をとると激しい下痢や体重増加不良を起こします。また胃腸炎のあとに腸の粘膜が荒れたせいで、乳糖を一時的に分解できなくなり下痢が続く「二次性乳糖不耐症」になることも。これは数週間で治ります。

＜治療法＞

乳製品をやめると、下痢はおさまります。乳児の場合は、乳糖を含まない特殊な粉ミルクを与えるか、乳糖分解酵素の薬を粉ミルクに混ぜましょう。あまりひどい下痢でなければ、いつも通り飲ませ、普段通りの食事をさせます。

Q7 発疹が出ていますが、大丈夫でしょうか？

ひとくちに発疹といっても、外部からの刺激で皮膚に症状が出る場合もあれば、なんらかの病気によって出る場合もあります。まずは発熱の有無を確認してから、発疹の状態をよく観察してみましょう。

〈熱がない場合〉

生まれてすぐできるのは「新生児ざ瘡《そう》」と「脂漏性湿疹《しろうせいしっしん》」で、ホルモンの影響でできるもの（写真は153ページ）。たまに「授乳中のお母さんの食事が悪いから」と言う人がいますが、関係ありません。どちらも石けんをよく泡立てて手指の腹でやさしく洗い、お風呂上がりにはワセリンなどを塗りましょう。皮膚科や小児科を受診すべきなのは、かゆそうにしている、一個一個の発疹でなく頬全体が赤いといったように赤みが強い、浸出液が出てジクジクしているという場合です。新生児ざ瘡や脂漏性湿疹のひどい場合もあるし、アトピー性皮膚炎（56ページ参照）に移行していくこともあります。なお、口周りに水疱ができる場合は「ヘルペス」かもしれません。初めての感染の場合は熱が出ることもあります。

とても元気なのに、急に全身または体の一部に、盛り上がりのある赤いかゆみのある発疹が出た場合は「じんましん」かもしれません。出たり消えたり、場所が変わったりするのが特徴。通常は1日で消えますが、数日間出ては消えることを繰り返す場合もあります。原因は特定できないことが多く、気温の変化で出ることも。かゆい場合は受診しますが、それほどでなければ冷やしたり、虫刺されの薬を塗ったりして対処しましょう（写真は154ページ）。

暑い季節に蒸れる部分の肌だけが赤くなってかゆがる場合、ほとんどは「あせも」です。脇、お腹、背中などのほか、小さい子は額や顔にもできます。予防がいちばんなので、エアコンや扇風機などを使って涼しい環境を保つ、汗をかいたら早めにシャワーを浴びる、洗面所で手足を流す、タオルで拭く、着替えさせるなどしましょう。（34ページ参照）（写真は153ページ）

そして、接触性皮膚炎、アトピー性皮膚炎、食物アレルギーというアレルギー反応の場合もあるでしょう。どこに出たらどれと特定できるわけではないので、実際に小児科や皮膚科で問診と診察をしないとわかりません。（101ページ参照）

ただ、体の一部分だけが赤くなってかゆい場合は、「接触性皮膚炎」かもしれません。服や靴の素材、外遊びで触れた砂や土や植物、口の周囲なら食べものやよだれが原因になっている場合もあるでしょう。いずれにせよ、まずはきれいに洗ったり拭いたりして、保湿剤や保護剤を塗ってくださいね。特に赤ちゃんの外陰部が赤くなりブツブツしてきたら、おむつかぶれかもしれないので、頻回におむつを替え、おしりふきで拭くだけでなくシャワーで流しましょう。

布おむつよりも紙おむつのほうが通気性がよく、かぶれにくいです。かゆみが強くブツブツしている場合は真菌が原因かもしれませんので、小児科か皮膚科を受診して薬をもらいましょう。ステロイドが入っている塗り薬でも、むやみに怖がる必要はありません。

それから、「アトピー性皮膚炎」を心配する人も多いですね。乳児期はジクジクとした湿疹のような感じで現れます。顔、首、脇や肘の内側、膝の裏、足首などにできますが、乳児湿疹と違うのは2か月以上かゆみと皮疹が続くこと。1歳以上は6か月以上続いていて、よくなったり悪くなったりを繰り返し、両親やきょうだいにアレルギーの病気があるか、IgE抗体が高いと診断がつきます。必ず専門家に診てもらいましょう。(56ページ参照)(写真は154ページ)

食事をしたあとに発疹が出た場合は「食物アレルギー」、薬を飲んだあとに発疹が出た場合は「薬疹」の可能性あり。時間がたつと消えてしまうことがあるので、写真を撮っておいて、食物アレルギーの場合はかかりつけの小児科、薬疹の場合は本人と一緒に処方した医師に相談してください。

以上はすべて、他人にうつらないので、登園・登校をしても大丈夫です。

そのほか、熱が下がってから赤いブツブツが出たなら「突発性発疹」のことが多いでしょう(写真は153ページ)。日本人は、2歳までにみんなかかっています。発熱後に頬が赤くなり、手足に網目状の発赤疹が出たら、「伝染性紅斑(りんご病)」かもしれません(写真は154ページ)。手足の発疹はかゆい場合もあります。発疹が出たら人にはうつりません。

〈熱がある場合〉

次に、熱とともにブツブツが出る病気をみていきましょう。溶連菌感染症、川崎病、手足口病、水痘（水ぼうそう）、風疹、麻疹などです（102、103ページ参照）。

喉が痛くなり、喉の奥が真っ赤になり、舌が苺のように赤い場合は「溶連菌感染症」かもしれません（写真は155ページ）。家でも子どもの口の中を懐中電灯で照らし、スプーンで舌をやさしく下に押さえたら喉を見ることができます。熱は出ないこともありますが、目や唇が赤くなったり、体に細かい発赤疹が出たりすることも。溶連菌感染症が疑われる場合は、急性《きゅうせい》糸球体腎炎《しきゅうたいじんえん》やリウマチ熱に移行する心配があるので、必ず小児科を受診しましょう。園や学校は、抗菌薬での治療開始後24時間がたち、熱が下がるまで出席停止で、下がってからも抗菌薬は指示通りに内服してください。途中で服薬をやめてしまうと治りきらないことがあります。

溶連菌感染症と同様に目や唇や舌が赤くなったり、熱や発疹が出たりしますが、さらに手足がパンパンに腫れる、首のリンパ節が腫れる、ＢＣＧの痕が赤くなるという場合は「川崎病」の疑いありです。心臓に合併症を起こすことがあるので、入院する必要があります。早急に小児科に行きましょう。

手足の末端と喉の奥にブツブツができるのは、「手足口病」でしょう。まだ話せない子は、機嫌がとても悪くなり、飲食をしたがらなくなり、よだれが増えます。対症療法しかないので、口当たりのよいものを食べさせて解熱鎮痛薬を使います。（写真は155ページ）

最後に、ワクチンで防ぐことができる病気です。

水痘（水ぼうそう）は定期予防接種になったので今後は減るでしょうが、今はまだよくある病気です。初日に熱とともに蚊に刺されたような発赤疹ができ、半日くらいで頭や口の中などを含む全身に広がって、徐々に水疱になっていくのが特徴。かかった場合は、抗ウイルス薬の内服薬と抗炎症薬の塗り薬で治療します。人に感染してしまうので、すべての水疱がかさぶたになるまでは、学校保健安全法により出席停止です。（写真は155ページ）

特に小さな子にはとてもつらい感染症で、しかも痕が残りやすく、一度治ってからも免疫力が下がったときにウイルスが活発になって、痛みをともなう発疹が帯状に出る「帯状疱疹《たいじょうほうしん》」になることもありますから予防が肝心。1歳になったらすぐに水痘ワクチンを打ち、3か月以上あけて2歳までに2回目を打ちましょう。定期予防接種は3歳までですが、まだ完了していなくて、しかも感染したこともない場合は、自費でもワクチンを受けることをおすすめします。

風疹は、発熱に気づかないこともありますが、風邪のような症状と細かい発赤疹が出ます。かかった本人は軽い症状であっても、妊婦さんにうつしてしまうと胎児が心疾患や難聴などの先天的な病気を持って生まれる「先天性風疹症候群」になることがありますから、かからないことだけでなく、うつさないことが大事です。実際にかかってしまったら、熱や関節痛に解熱鎮痛薬を使うなどの対症療法しかありません。感染する危険性があるため、発疹が消えるまでは出席停止です。

麻疹は、風疹と同じように鼻水と咳、発赤疹が出ますが、高熱が出ることも多く、どの症状もより重くつらい感染症です。かかった人の10％強は入院し、1000人に1～2人は適切な治療をしても亡くなってしまいます。約30％の人に、合併症として気管支炎や肺炎、脳炎を起こすためです。また、数万人に1人と稀ですが、麻疹が治って数年から十数年がたってから急に知能の低下とけいれんなどが起こる「亜《あ》急性《きゅうせい》硬《こう》化《か》性《せい》全《ぜん》脳炎《のうえん》（SSPE）」という死に至る難病を起こすことがあります。（写真は155ページ）

実際に麻疹かもしれないと思ったら、とにかく感染力が強いので、医療機関を受診する前に電話で相談してください。対症療法しかありませんが、合併症を起こしている場合は、その治療も必要になります。解熱後3日を過ぎるまでは、出席停止です。

何より1歳になったら必ず、麻疹と風疹を防ぐことができる「MRワクチン」を接種してくださいね。

A

熱があるかないかで想定される病気が違います。わからないときは必ず小児科を受診しましょう。

発疹が出る主な病気

皮膚などにできるブツブツを「発疹」、その中でかゆみと盛り上がりのあるものを「湿疹」といいます。まずは熱の有無を確認して、形状を観察してみましょう。かゆがるときは、冷たいタオルで冷やし、掻き壊さないよう爪を短くしてください。

■ 熱がない場合

写真は153ページ

脂漏性湿疹《しろうせいしっしん》

生後まもなくから2か月くらいまで、顔、頭皮、首、脇、肘や膝の内側にできる、黄白色のかさぶたをともなう湿疹。生後4～5か月になると皮脂が減るので、脂漏性湿疹ができている部分と皮脂欠乏性皮膚炎が混在することがありますが、自宅でケアすればよくなっていきます。

＜治療法＞

入浴時に余分な皮脂を石けんなどで落とし、入浴後は保湿します。かさぶたのようなものはお風呂に入る前にオリーブオイルやベビーオイルなどを塗ってふやかし、石けんをつけた指でやさしく洗います。母乳や粉ミルクのせいではありません。

新生児ざ瘡のみ 写真は153ページ

ざ瘡

生後すぐから3か月頃に顔や胸部にできる「新生児ざ瘡」、思春期以降に顔などにできる「尋常性ざ瘡（ニキビ）」があります。新生児期は皮脂が多いため、思春期は余剰皮脂とアクネ菌の炎症によるもので、時期を過ぎればなくなるので心配ありません。ひどい場合は、小児科や皮膚科へ。

＜治療法＞

余分な皮脂を洗い落とすことが大切。乳児でも石けんなどを使いましょう。母乳や粉ミルク、食事は関係ないので、食事制限をする必要はありません。尋常性ざ瘡は洗顔指導、クリームや軟膏、抗菌薬の処法を皮膚科や小児科で行います。

写真は153ページ

あせも（汗疹《かんしん》）

皮膚の表面近くに白い水疱ができる「水晶様汗疹」、皮膚の奥に汗がたまって赤くてかゆいブツブツができる「紅色汗疹」の2種類があります。水晶様汗疹は自然に治りますが、紅色汗疹がひどい場合は小児科か皮膚科へ。掻き壊すと、とびひになることもあります。

＜治療法＞

かゆみがひどいときには、小児科や皮膚科で塗り薬や抗ヒスタミン薬などをもらいます。暑い時期は、あせもと脱水予防のためにクーラーや扇風機を使って涼しくしましょう。汗をかいたら、こまめに洗い流したり着替えたりしてください。

写真は154ページ

じんましん

虫刺されのようなもの、地図のような形のものがあります。盛り上がって赤く、かゆみがあり、できたり消えたり、移動したりしますが、自然に治ります。ただ、声がかすれ、呼吸が苦しくなるとともにじんましんが出たらアナフィラキシーかもしれませんから、すぐに医療機関へ。

＜治療法＞

濡れタオルなどで冷やすと効果的。医療機関では軟膏や抗アレルギー薬、抗ヒスタミンの内服薬を処方します。食物、動物の毛、ダニなどの原因がわかればそれを除去しますが、わからないことも多く、調子が悪いときだけ出ることも。

風邪
鼻水
咳
熱
インフルエンザ
嘔吐や下痢
発疹
けいれん

接触性皮膚炎《せっしょくせいひふえん》

何かに触れた部分が赤く腫れ、かゆくなったり、ヒリヒリしたり、水疱ができたりするもの。つまり「かぶれ」です。原因は、植物、金属、洗剤などの日用品、服の繊維や下着のゴムなど。食物が口の周りについたせいで赤くなるのも接触性皮膚炎です。ひどい場合は皮膚科か小児科へ。

＜治療法＞

原因がわかれば、それを除去します。ひどい場合は、ステロイドの軟膏や内服薬、抗ヒスタミン薬が処方されます。予防には、普段から皮膚のバリア機能を保つことが大事なので、手洗いや入浴のあとはこまめに保湿をしましょう。

写真は154ページ

アトピー性皮膚炎

皮膚の乾燥とかゆみをともなう湿疹ができる病気。赤ちゃんのときには、頬、顎、額、肩など擦れる部分がジクジクし、幼児期以降は首、肘や膝の内側、手首や足首などの皮膚が厚くなり乾燥が強くなるのが特徴です。ひどい場合は、皮膚科か小児科を受診しましょう。

＜治療法＞

数か月以上、皮膚の赤み、かゆみがあったりする場合に診断されます。重い場合は、ステロイドや免疫抑制剤の軟膏、抗アレルギー薬が処方されます。清潔と保湿が大切なので、軽度の場合は泡でやさしく洗い、朝晩きちんと保湿しましょう。

食物アレルギー

特定の食品をとったあと、皮膚が赤くなったり、湿疹が出たり、粘膜が腫れたりするアレルギー。症状は多彩で、くしゃみや口や喉の違和感、咳や呼吸困難、嘔吐や下痢、失神などが起こることも。皮膚症状は数時間以内に出ることが多いでしょう。症状が重い場合は、すぐ医療機関へ。

＜治療法＞

医療機関では、重度の場合はボスミン（アドレナリン）を投与し、抗アレルギー薬、軽度の場合は抗アレルギー薬が投与されます。軽い場合は様子をみてもいいですが、原因食物がわからない場合などは、一度受診したほうがいいでしょう。

薬疹《やくしん》

内服薬、外用薬、坐薬、注射などのあと、数分から数日たって出る、ブツブツのこと。子どもの場合、すぐに出る即時型が多いですが、数日後に出てくる遅延型の場合もあります。ときにリンパ節の腫れや熱をともなうことも。呼吸が苦しそうなときは、すぐに医療機関へ。

＜治療法＞

症状が出る前に使用した薬、お薬手帳を持って受診しましょう。いつから使用しているかも伝えてください。症状が軽い場合は疑わしい薬をやめるだけですが、かゆみがある場合は抗ヒスタミン薬やステロイド軟膏が処方されます。

■ 発熱後の場合

写真は154ページ

伝染性紅斑《でんせんせいこうはん》（りんご病）

約1週間の潜伏期間後、発熱やだるさが起こり、解熱後に頬が赤くなって腕や足にも発赤疹が出る感染症です。原因は、ヒトパルボウイルスB19型。自然に治りますが、妊娠中に初感染すると胎児水腫が起こることがあり危険です。発疹が出る頃には感染力は減少しています。

＜治療法＞

自然治癒するので薬は処方されないこともありますが、かゆみが強い場合は抗ヒスタミン薬を内服したり塗ったりします。成人は関節炎を起こし腫れたり痛くなったりする場合があります。発疹が出たら出席停止は解除です。

写真は153ページ

突発性発疹《とっぱつせいほっしん》

多くは生後6か月以降に発熱が3～5日間続き、解熱後に顔・体幹に赤く細かい発疹が出る病気。軽く下痢をすることもありますが発熱だけのことが多く、発疹は痛くもかゆくもなく数日で自然に消えます。原因のほとんどは、ヒトヘルペスウイルス6型。複数回かかかることもあります。

＜治療法＞

解熱後、半日くらいで胸やお腹から全身へ広がるように発疹が出ますが、2～3日で自然に消えるので何もしなくて大丈夫。乳児は、離乳食を食べたがらなくなっても母乳や粉ミルクがとれていればかまいません。

■ 熱がある場合

写真は155ページ

手足口病

夏に多いエンテロウイルス（コクサッキーウイルスやエコーウイルス）によって起こる感染症。飛沫感染や便から出たウイルスが経口感染することでうつります。発熱、手足と喉・口の周囲に小さな水疱ができるのが特徴。熱は1～3日程度で下がり、水疱も7日程度で消えます。

＜治療法＞

ほかの自然治癒する感染症と同様、治療は必要に応じて解熱鎮痛薬を使い、刺激の少ない食事をあげること、水分補給が大切です。唾からは1週間程度しかウイルスが出ませんが、便からは数週間排出されるので感染しないよう要注意。

写真は155ページ

溶連菌感染症《ようれんきんかんせんしょう》

A群溶血性連鎖球菌が、咽頭や扁桃などで炎症を起こす感染症。発熱や体の発赤疹だけでなく、喉の痛みや腫れ、イチゴのように舌が赤くなる「苺舌」が特徴です。解熱して発疹が消えた頃、手足の先の皮がむけることがあります。抗菌薬を飲み始めて24時間後、解熱するまでは出席停止です。

＜治療法＞

診断は臨床症状から、または迅速診断キットや培養検査などで行います。治療は、解熱鎮痛薬と抗菌薬。リウマチ熱や急性糸球体腎炎になる恐れがあるので、抗菌薬は指定された日数分きちんと内服し、途中でやめないことが重要です。

■熱がある場合

風疹（三日はしか）

風疹ウイルスによる感染症。潜伏期間は２～３週間で、飛沫・接触感染すると熱と細かい発疹が全身に出ます。ときに関節炎、血小板減少性紫斑病、急性脳症といった合併症が起こることも。また、妊娠中に風疹になると、胎児が先天性風疹症候群になる危険性があります。

＜治療法＞

解熱鎮痛薬を使うなどの対症療法のみ。発疹が完全に消えるまで出席停止です。1979年4月以前生まれの男性はワクチン接種歴がなく、1990～2006年生まれの男女は1回接種のみ。ワクチンは必ず２回接種しましょう。

写真は155ページ

すぐに受診！

水痘《すいとう》（水ぼうそう）

水痘・帯状疱疹ウイルスによる感染症。潜伏期間は約２～３週間で、発熱は軽く、発疹が半日～1日で全身に広がります。丘疹、水疱、膿疱、かさぶたのいろいろな段階の発疹が混在するのが特徴で、頭皮、口の中や目の粘膜にできることも。小児科に電話をしてから受診を。

＜治療法＞

発症から３日以内に抗ウイルス薬を内服すると発疹の数が少なくてすみます。かゆい場合は軟膏を塗りましょう。すべてがかさぶたになるまで出席停止です。現在は定期予防接種になっているので、必ずワクチンを２回打ってください。

すぐに受診！

川崎病

原因不明の全身の血管炎。40℃近い高熱、胸やお腹の発疹だけでなく、手足の先の腫れ、目の充血、首のリンパ節の腫れ、唇と舌の発赤、という６つの症状が特徴です。合併症として心臓の冠動脈に動脈瘤ができることがあるため、疑ったら早く病院の小児科を受診しましょう。

＜治療法＞

近年、症状が揃わない不全形が増加しています。疑わしい場合も入院して血液検査と心臓のエコーを行います。アスピリンの内服と大量ガンマグロブリン療法を行い、ほかに炎症を抑える治療を加えることもあります。

写真は155ページ

すぐに受診！

麻疹《ましん》（はしか）

麻疹ウイルスによる感染症。感染力が非常に強く、潜伏期間は10日前後。初めは発熱と風邪のような症状で、いったん熱は下がりますが、次に口の中に白い発疹が出て熱が再び上がり、体中に発赤疹が出ます。適切な治療をしても1000人に1～２人は亡くなる病気です。必ず病院の小児科に電話してから受診を。

＜治療法＞

対症療法しかないため、水分補給をしながら解熱鎮痛薬を使い、肺炎・中耳炎・脳炎などの合併症がある場合はその治療を行います。1割程度は入院して、通常10日程度で回復しますが、解熱後3日までは出席停止。外出も控えてください。

Q8 けいれんを起こしてしまいました

けいれんは、体の一部あるいは全体が本人の意思に反して動いてしまうものです。高熱、体の中の電解質異常、感染症、てんかん、低酸素、頭の外傷、頭の中の腫瘍などによって、大脳が影響を受けたり、脊髄や末梢神経が興奮したりするために起こります。

子どもに最も多いのは、「熱性けいれん」です。『熱性けいれん診療ガイドライン』によると、主に生後6〜60か月までの乳幼児期に起こり、通常は38℃以上の発熱にともなう発作性疾患で、髄膜炎などの中枢神経感染症、代謝異常、その他の明らかな発作の原因がみられないもので、てんかんの既往のあるものは除外されるとあります(※1)。60か月といえば5歳で、一般にそのくらいの年齢になると自然に治り、熱が出てもけいれんしにくくなります。熱性けいれんを起こす子は全体の5%程度で、そのうちの過半数は1回だけしか起こしません。

けいれんの見分け方

けいれんではないもの
熱のあるときにビクッとする
手足が一瞬ふるえる
ボーッとしているけれど、呼べば目が合う
けいれんはこういうもの
数秒間から数十分間、体が意思に反して動く
数秒間から数十分間、呼びかけに反応しない
呼びかけても目が合わない
呼吸が不規則または止まって顔色が悪くなる

熱性けいれんには、次のように単純型と複雑型があり、また長く続くものを「熱性けいれん重積発作」と呼びます。

〈単純型〉：複雑型でないもので、以下の3つの特徴があります。①一部分だけの発作でなく全身のけいれん、②15分以内におさまるけいれん、③24時間以内に繰り返すことがないけいれん。一度おさまった熱性けいれんで、また別の機会に発熱してけいれんしても、単純型の熱性けいれんです。

〈複雑型〉：以下のうち1つ以上あてはまる場合です。①発症前に神経の病気がある、②部分的なけいれんやけいれんの持続時間が長い、24時間以内に繰り返すけいれん、③両親やきょうだいにてんかんの人がいる、④生後6か月未満か6歳以上の発症。

以前は熱性けいれんを起こした場合、外来や救急外来などでジアゼパムという催眠鎮静作用のある抗けいれん薬を坐薬で使い、以降も熱が出るたびに使うようにと説明して処方しました。現在のガイドラインでは、坐薬を入れなくても発熱時に熱性けいれんを繰り返さない子が多いことがわかっているし、ジアゼパム坐薬によるふらつきで転倒したり、眠気をともなったりすることによって髄膜炎や脳症の症状がわからなくなる危険性があるので、全例には使いません。

発熱したときに坐薬を使うよう、家にストックしてもらうのは以下の場合です。

①けいれんが15分以上続くことが多い、または以下のうち2つ以上がある熱性けいれんを2回以上繰り返した場合

②ⅰ．焦点発作を起こす、または24時間以内に繰り返す場合

ⅱ．熱性けいれんの出現前から存在する神経学的異常や発達の遅れがある場合

ⅲ．熱性けいれん、またはてんかんの家族歴がある場合

ⅳ．12か月未満の子の場合

ⅴ．発熱後1時間未満の発作の場合

ⅵ．38℃未満での発作の場合

けいれんを見たことがない方も多いでしょう。熱性けいれんをしている最中は、意識がなく呼吸状態も不規則で不安定なので、顔色がとても悪くなります。「これかな？」と迷うような場合は、きっと熱性けいれんではありません。熱のあるときに、子どもがビクッとするとか、ボーッとしているけれど呼べば目が合うということはよくあります。子どもの手足がピクッとするのは振戦《しんせん》で、けいれんではありません。熱性けいれんは、数秒から数十分間続きます。

特に注意したいのは、稀なことですが、髄膜炎のときも熱とともにけいれんすることがあるということです。発熱やけいれんだけでなく、髄膜《ずいまく》刺《し》激徴候《げきちょうこう》といって頭を痛がる、首が硬い、触ると嫌がるという特徴があります。嘔吐することも多いでしょう。機嫌が悪くなり、哺乳力

や食欲がなくなり、ぐったりします。大泉門がまだ開いている小さな子は、頭の中の圧力が上がって、頭頂部が盛り上がることもあるでしょう。

ウイルス性髄膜炎は、おたふく風邪ウイルスによるものが有名ですが、ほかのウイルスでも起こります。細菌性髄膜炎は、B群溶血性連鎖球菌、大腸菌、インフルエンザ菌b型、肺炎球菌によるものが多く、後遺症を残したり生命に関わったりすることもある怖い病気です。

じつは、これはあまり知られていないことですが、ヒブワクチンと肺炎球菌ワクチンが定期予防接種化されてから、インフルエンザ菌b型と肺炎球菌が起こす細菌性髄膜炎が大幅に減りました。ワクチンの大切さがとてもよくわかります。

また、脳炎や脳症も怖い病気です。発熱や頭痛、前述の髄膜刺激徴候、意識障害、けいれんなどが起こります。どちらも大変怖い病気なので、これらを疑ったら様子をみずに医療機関に行きましょう。

細菌性髄膜炎の起因菌別分布（10万人あたり）

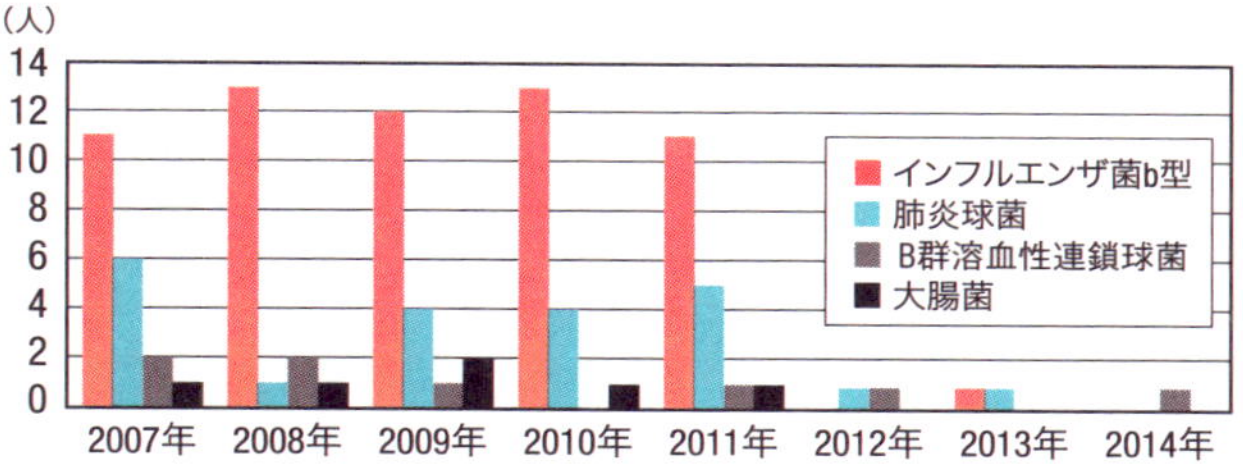

2011年4月　ヒブワクチン・肺炎球菌ワクチンの公費負担開始

2013年4月　ヒブワクチン・肺炎球菌ワクチンが定期接種化

厚生労働省　「Hib、肺炎球菌、HPV 及びロタウイルスワクチンの各ワクチンの有効性、安全性並びに その投与方法に関する基礎的・臨床的研究」班 分担研究報告書「北海道の小児期細菌性髄膜炎の発症動向」より抜粋、改変

このほか、「憤怒けいれん（泣き入りひきつけ）」も多いでしょう。これは乳幼児が大泣きしたあと、息を吐いた状態のまま呼吸を止め、顔色が悪くなり、意識をなくし、全身がぐったりしたり、けいれんを起こしたりするものです。生後6か月〜3歳くらいまでの子の約4〜5％にあり、脳波やCTなどの検査で異常はなく、成長とともになくなります(※2)。

それから大人には少ないのですが、子どもは嘔吐や下痢をした際もひきつけを起こすことがあり、それを「胃腸炎関連けいれん」と呼びます。生後6か月〜3歳に多く、通常左右対称の時間の短い、数秒間のけいれんです。体の電解質異常はさほどないのにけいれんするのが特徴。この病態自体は軽いものですが、ほかの病気との鑑別診断のためにいろいろな検査をしたり、入院したりすることもあります。

「てんかん」も比較的頻度が高く、100人に1人くらいいます。その割に見かけたことがないという人は多いですが、ほとんどのてんかんは薬でコントロールできるからです。

私たちの頭では、脳の神経細胞がお互いに調和を保ちながら電気的に連絡しあっています。てんかんというのは、このリズムが急に崩れて激しい電気的な乱れが生じることにより、体が動いたり突っ張ったり、意識がなくなったりするというものです。てんかんの発作は、繰り返し起こるのが特徴なので、通常は1回だけの発作では診断されません。

発熱がないのにけいれんすることがあれば、てんかんかもしれませんから、小児科を受診し、脳波を検査したり、脳のCTを撮影したりしてもらいましょう。明らかな手足のけいれんがなくても、まばたきを繰り返す、目の周り・まぶた・口もと・頬などがピクピク動く、顔の様々な筋肉がときどきピクッと動く、手足がときどきピクッピクッと動くというのも、けいれんかもしれません。ぼうっとしているのだと思ったら、呼びかけに反応がなく、意識がないけいれんだったというケースもあります。できれば、発作が起きたときにスマホやビデオなどで動画を撮っておいて、お子さんと一緒に受診してくださいね。

てんかんは、精神的な病気ではなく脳の構造的な病気です。たとえば、情緒不安定になるとけいれんするという俗説があるそうですが、まったく違います。てんかん患者さんにおける発作の誘発因子は、疲労や睡眠不足などです。前触れなく、てんかん発作が起こることもあります。気になる場合は、日本てんかん協会のサイトも見てみましょう（※3）。

A

理由がわからない場合、重大な病気のせいかもしれませんから小児科で相談を。

※1　「熱性けいれん診療ガイドライン2015」 http://minds4.jcqhc.or.jp/minds/febrile_seizures/febrile_seizures.pdf
※2　日本小児神経学会「小児神経医がお答えします！小児神経Q＆A」 https://www.childneuro.jp/modules/general/index.php?content_id=27
※3　公益社団法人 日本てんかん協会　http://www.jea-net.jp/

けいれんを起こす主な病気

手や足を突っ張らせたり、全身を硬直させたりするのが「けいれん」です。その多くは熱によって起こる「熱性けいれん」ですし、ほとんどは心配ありませんが、なぜけいれんを起こしているのかよく観察してくださいね。

胃腸炎関連けいれん

脱水にならない程度の軽いウイルス性胃腸炎の1～2日目頃に起こるもの。2歳までの子に多く、数分以内で、熱はないかあっても高くありません。熱性けいれん、てんかんのない子どもでも起こります。成長発達に影響せず、繰り返すこともあまりないので心配ありません。

＜治療法＞

血液検査をしても電解質異常があることは少なく、けいれん自体は数分でおさまります。繰り返すことも少ないので、胃腸炎のケア（87ページ参照）をしましょう。熱性けいれんの際によく使われるダイアップ坐薬はあまり効果がありません。

熱性けいれん

熱があるときに数分間、意識がなくなり全身がけいれんします。6か月～5歳くらいに多いのですが、成長発達に影響はなく、後遺症も残りません。ほとんどの子が1回だけで繰り返しません。ただ、初めてのけいれんで、5分近くけいれんした場合は、救急車を呼んでもかまいません。

＜治療法＞

まずは時間を正確に計りましょう。発熱から24時間以内にけいれんする、1日に何度も長時間、体の一部分だけけいれんする、てんかんの家族歴がある、好発年齢以外という場合は、けいれん止めの坐薬を処方されることもあるでしょう。

てんかん

脳の神経細胞同士のリズムが突然崩れて、電気的な興奮が起こり、体が動いたり意識がなくなったりする病気。親の育て方や子どもの性格は関係ありません。てんかん発作は繰り返しますが、ほとんどの場合、薬でコントロールできますから、小児科を受診しましょう。

＜治療法＞

適切な薬を規則正しく飲むことで、コントロールできますから、自己判断で薬をやめないようにしてください。睡眠不足や疲労で発作が起こりやすくなるので、よく休みながら普通の生活をしましょう。成長とともに薬が不要になることも。

憤怒《ふんぬ》けいれん（泣き入りひきつけ）

生後6か月～3歳くらいの子が大泣きしたあとに起こすけいれんです。息を吐いたまま呼吸を止め、顔色が悪くなって意識をなくし、ぐったりしたりすることも。寝ている間にはなく、必ず大泣きするなどの誘引があります。成長発達に影響せず、成長とともになくなります。

＜治療法＞

通常1分以内、何か対処しようとする間におさまります。強く泣きすぎることで息継ぎできず無呼吸になるので、怒らせたり、怖がらせて泣かせないようにしようとしたりするものですが、神経質にならずに見守ってくださいね。

すぐに受診!

脳炎《のうえん》

多くはウイルス感染が脳へ波及したり、直接感染したりして起こります。麻疹や水ぼうそうなどにかかって数年たってからウイルスが再び活性化して発症することも。症状は発熱と頭痛、けいれん、意識障害など。命に関わり後遺症を残すことも多いので、急いで病院の小児科へ。

<治療法>

抗ウイルス薬があれば投与しますが、ない場合は支持療法と全身管理のみ。感染の数年後に脳炎になったものは免疫抑制療法。頻度は低いもののなってしまったら大変なので、日本脳炎、麻疹、水痘などのワクチンは必ず受けましょう。

すぐに受診!

髄膜炎《ずいまくえん》

脳や脊髄を覆う髄膜に炎症を起こす疾患。ウイルス性はエンテロウイルスによるものが多く、高熱、嘔吐、頭痛があります。細菌性は、加えて意識障害やけいれんを起こすことが多く、治療が遅れると命に関わります。ぐったりしていたり、意識がなかったりしたら急いで病院の小児科へ。

<治療法>

血液検査、腰に針を刺して髄液を取る髄液検査などで診断。ウイルス性は解熱鎮痛薬などの対症療法を、細菌性は入院して髄液中の細菌を特定して抗菌薬投与を行います。ヒブワクチン、肺炎球菌ワクチンの接種が予防につながります。

けいれんではないもの

チック

突発的に動きや発声を繰り返すものです。親の育て方や本人の性格が原因ではありません。瞬き、首振り、顔をしかめるといったものや物に触る、飛び上がるといった運動性チックと、発声や咳払い、鼻鳴らしといった音声チックがあります。

<治療法>

わざとではないので叱らないでください。幼児期から小学生で始まることが多く、成長とともに目立たなくなりますが、本人がつらかったり生活に支障があったりするなら、児童精神科や小児神経科や小児科へ。薬を処方されることもあります。

すぐに受診!

脳症《のうしょう》

脳炎のような炎症がないものの、けいれん、発熱、頭痛、意識障害が起こる病気。インフルエンザなどのときにNSAIDs(エヌセイズ)などの解熱鎮痛薬を使ったりした場合、低酸素脳症、低血糖脳症などがあります。すぐ病院の小児科へ。

<治療法>

集中治療可能な施設で、脳の圧力を下げる支持療法と全身管理、脳低温療法、血漿交換療法などを行います。インフルエンザ脳症やライ症候群にならないために、子どもに与える解熱鎮痛薬はアセトアミノフェンのみにしましょう。

Column 4

病気のときの食事

お子さんの体調が悪くて一食でも抜いてしまうと、ハラハラする人も多いと思います。どのくらい食べないと危険でしょうか。当然ですが、そういった実験は倫理的にできないので、はっきりとは答えられません。

ただ、水分を十分に摂れていて、ぐったりしていなければ、数日間は大丈夫。だから、無理に食べさせることはありませんが、少しでも食べられたほうがいいのも確かです。

鼻水や咳がひどい場合は、息苦しくて食べられないのかもしれないので、鼻水を取るようにしてください。喉が痛い場合は、刺激があるとしみるので、口当たりよく酸味や辛みのない味付けのものをあげましょう。プリンやゼリー、アイスクリームなどの冷たく甘いものなら食べてくれるかもしれません。でも、胃腸炎の場合、冷たいものや油ものは避けてくださいね（87ページ参照）。調子の悪いときは少し偏った食生活になっても仕方がないので、子どもが食べられるものをあげましょう。

それでも食べられなくて、以下のような場合には、小児科を受診しましょう。ぐったりしている、眼窩がくぼむ、泣いても涙があまり出ない、舌や口の中が乾いている、お腹の皮膚をつまむとシワシワが直るのに2秒程度かかる、手足が冷たい、おしっこの回数が減っているなどして脱水症が疑われる場合です。

それから、生後6か月までの子が母乳や粉ミルクを普段の半分以下しか飲めないことが1日近く続く場合も受診してください。小さいうちは症状が少ないので、何か重大な病気があるといけないからです。

第4章

医療機関のかかり方

Q1 どんなときに医療機関にかかるべき？

子どもの不調のほとんどは風邪ですし、本人がつらそうでなければ、医療機関を受診しなくてもかまいません。ただし、以下のような場合は早めに小児科を受診しましょう。

①生後6か月までの赤ちゃんが発熱しているとき

発熱というのは、小児では37・5℃以上のこと。平熱よりも1℃高くなったことを発熱という場合もあります。もちろん、ただの風邪ということのほうが多いのですが、小さければ小さいほど症状が少ないので、髄膜炎や肺炎を起こしていることがあるのです。様子をみず、夜間でも休日でもやっているところを探してかかりましょう。ただし、入浴や授乳の直後、激しく泣いているときなどに測った場合は、発熱ではない可能性があります。

②生後6か月までの赤ちゃんの哺乳量が普段の半分以下のとき

母乳または粉ミルクをしっかり飲めている場合、新生児（生後1か月まで）だったら、1日10回以上おしっこが出ます。それが6～7回以下だったら、十分に飲めていません。月齢が大きくなると1日の排尿回数は減っていきますが、いつもの半分以下の回数だったら心配です。生後6か月までは、たとえ離乳食を始めていても少量なので、哺乳量が減ると脱水症や低血糖になる心配があるのです。母乳や粉ミルクをほとんど飲めない理由が、血液中に細菌が入る「菌血症」や髄膜炎などの重大な病気ということもあります。

③お子さん自身がつらそうで、いつもと様子が違うとき

生後6か月以上の場合は、本人がつらそうなとき、つらそうなのに原因がわからないとき、「いつもと様子が違う」と心配に思ったときなどに医療機関に行きましょう。いつも見ている保護者の勘はあてになるのです。特に平日の日中なら、念のため受診してもいいですね。なぜなら、夜間や休日になって急に心配になる人は多いからです。救急外来を受診するとしても、時間外にやっているところが少ないうえに混んでいる場合も多く、待っている間に、よけいに具合が悪くなってしまうこともあります。

A　生後6か月までは発熱したときと哺乳量が少ないとき、以降は様子がおかしいときです。

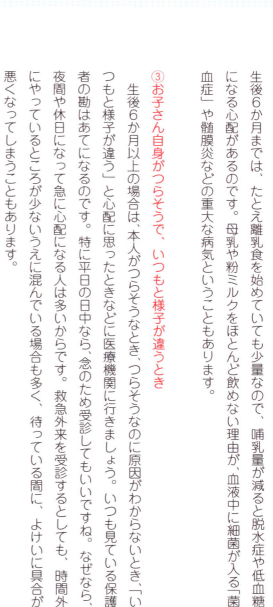

Q2 どの医療機関に行くべきか迷います

病院と診療所（クリニック）の違いをご存じでしょうか。病院は、入院可能なベッドが20床以上ある医療機関です。一方の診療所は、19床以下あるいは入院できない医療機関。特に持病のない場合のかかりつけは、診療所がおすすめです。

次に何科にかかるかです。じつは、「子どものことなら、なんでも小児科」というわけではありません。目に関することなら「眼科」、耳や鼻に関することなら「耳鼻科」、皮膚に関することなら「皮膚科」が専門です。ただ、軽い症状は小児科でもかまいません。

小児科は内科系ですから、ケガの診療には向きません。ケガをしたときは、外傷なら「外科」、特に頭部なら「脳外科」、骨折やねんざは「整形外科」が専門。それから、発達に関することは「小児神経科」、心に関することは「児童精神科」へ。118ページを参考にしてください。

でも、こういう判断はなかなか難しいものです。たとえば「子どもの指に傷ができてしまった」という場合は外科ですが、外科のクリニックは少ないですね。病院の外科に行くか、軽いものなら皮膚科でも診てもらえるかもしれませんので電話をしてみてください。そのほか、「子どもの足の爪が剥がれて出血している」という場合、爪や髪は皮膚科が専門なので、爪の処置をしてもらうには皮膚科にかかるのが正解です。外科でもいいかもしれません。でも、爪だけでなく骨も心配という場合には、整形外科がいいでしょう。

このように慣れないと判断は難しいし、緊急時にはすぐにどの診療科に行くべきか知りたいですよね。迷ったら近くの医療機関に電話するのもいい方法です。そこでいいかどうかを教えてくれるし、違う場合はどこがいいかを教えてくれるかもしれません。あるいは、厚生労働省研究班と日本小児科学会監修の「こどもの救急」というサイトを見るのもおすすめです(※1)。

さほど緊急性がなく、どの診療科へ行けばいいかわからない場合は、一度かかりつけの小児科クリニックで相談してみるのもいいでしょう。かかりつけの小児科医なら今までの成長発達の様子を知っていたり、病気の経過がわかっていたりします。そこで治療できない場合も、詳しい紹介状を書いてもらえるし、特定機能病院は紹介状がないと初診料が多くかかったり、そもそも受診できなかったりということがあるからです。

A

普段は病院ではなく診療所(クリニック)へ。あとは症状によって診療科を選びましょう!

※1　厚生労働省研究班／日本小児科学会監修「こどもの救急」　http://kodomo-qq.jp/

どんなときに、どの診療科にかかるべき？

子どもがかかることの多い診療科を挙げました。どんなときに、どんな診療科にかかるといいか確認しておきましょう。

〈眼科〉
目に傷がついたとき、視力や斜視などについて心配があるときは、眼科にかかりましょう。赤ちゃんがウルウルした涙目になったり目やにがついたりする鼻涙管閉塞、結膜炎、ものもらい、花粉症による目のかゆみなどは小児科でもかまいません。

〈耳鼻科〉
中耳炎や副鼻腔炎（蓄膿症）などの耳や鼻に関するものは耳鼻科が専門ですが、薬の吸入や鼻水の吸引などは小児科でも大丈夫。ただし、聴覚について詳しい検査をする、中耳炎で排膿のためにチューブを入れるなど、耳鼻科でないと治療できないケースもあります。

〈皮膚科〉
髪や爪、皮膚に関する専門科です。水いぼ、乳児湿疹、あせも、軽いアレルギーは、小児科でもいいでしょう。発熱して発疹がある場合は小児科へ。重度のアレルギーは、アレルギーを専門とする皮膚科または小児科がいいと思います。食物アレルギーを専門とする小児科医は、アトピー性皮膚炎も食物アレルギーも診ています。この二つの疾患は、よく重複するからです。

〈小児神経科〉
子どもの脳や神経や筋肉の異常によって生じた、運動や知能、感覚、行動、言葉の遅れ、てんかんなどを専門とする診療科です。まずは小児科を受診してもかまいません。

〈脳神経外科〉
脳や脊椎、中枢神経系を専門とする診療科です。頭をぶつけて出血した場合や頭蓋内出血が疑われる場合、先天性の頭の疾患、脳腫瘍や脳の血管障害などが治療対象です。

〈外科〉
手術や縫合などの外科的処置をする診療科の総称で、様々な専門科に分かれている場合もあります。ケガをした場合、鼠径ヘルニアや臍ヘルニアなどの手術の必要がありそうな場合に受診します。

〈整形外科〉
骨や関節、筋肉を専門とする診療科です。骨折や脱臼、ねんざなどを疑った場合は、整形外科にかかりましょう。

〈児童精神科〉
子どもの心を専門に診る診療科です。発達障害、学習障害、チック、吃音（どもり）、摂食障害、うつ病などを診ますが、軽度であれば小児科でもかまいません。

Q3 医療機関で伝えたほうがいいことは？

受診の際には、保険証、乳幼児医療証か子ども医療証、母子手帳、お薬手帳を持ってきてください。何歳のお子さんでも、母子手帳があると、妊娠中や生まれたときの様子や体重、その後の乳幼児健診の結果、身長と体重の増え方、ワクチン歴を知ることができるので助かります。

そして、問診では以下のようなことを教えてください。

●お子さんの年齢（月齢）、性別、持病の有無

一般的に小児科を受診する患者さんは、0～15歳の高校生未満。乳児が発熱して咳をしていたらRSウイルス感染症の可能性が高く、同じ症状でも学童だったらマイコプラズマ肺炎の可能性が高いというふうに、同じ発熱と咳でも年齢によって考えなくてはいけない病気が異なります。健康診断でも、月齢・年齢によって身長・体重の正常値が違うし、発達を評価するうえで診るべきことも違います。予防接種を受ける月齢・年齢もそれぞれ違っていますね。また、性別によってもかかりやすい病気は違うため、必ず性別も教えてください。何か持病があればもちろん教えてください。

●主訴

「主訴」といって、最も困っている症状を教えてください。咳が出る、下痢をしているなどですね。いつからか、どの程度か（眠れないほどなのか、夜は眠れるけど苦しそうなのか）、すでに医療機関にかかって何か薬を処方されているかどうかも教えてください。

下痢や嘔吐の場合も、いつからか、回数は1日何回なのか、色や性状がおかしいと感じたら写真を撮ってきていただけると診断に役立ちます。便に限らず、けいれんの様子やじんましんなど、時間がたつと消えてしまうものは、写真や動画を撮っておくといいでしょう。

●発熱の有無と経緯

熱があるかどうかも大事です。①いつから熱があるか、②最も高くて何℃か、③受診直前には何℃だったかを教えていただけるとわかりやすいです。できたら、体温の推移を書いたメモやグラフがあれば助かります。

●いつもと違うところ

主訴以外に、普段と違うところを教えてください。たとえば「咳がひどくて眠れなかった」、「母乳は飲んだけど離乳食は食べなかった」、「ずっと機嫌が悪い」、「いつもこの程度の発熱なら遊んでいるのに、今日はしんどそう」など、一緒に暮らしていないとわからないことです。

●周囲で流行している病気がないかどうか

家庭や保育園・幼稚園、学校、友人などの身の回りで、水痘（水ぼうそう）、インフルエンザなどの感染症が流行している場合は教えてください。

●薬の希望について

よい薬も使えないと意味がありませんから、処方箋を書く前に、お子さんに適した剤型を教えてください。内服薬ではシロップ薬、粉薬、水なしで飲めるOD錠やレディタブ錠、錠剤、カプセルなどがあります。そのほかに、坐薬、テープ薬、点眼薬、点鼻薬、軟膏、クリーム、ローションなどがあります。なお、同じ効き目の薬で違う剤型のものを同時には出せません。

これらを家でメモしてから受診するとスムーズです。特に、普段からお子さんをみている人ではなく、祖父母などに連れて行ってもらう際にはメモを持ってきてくださると安心ですよ。

A

年齢・性別・体重、最も困っていること、熱の有無と経緯、普段と違うところなどです。

Q4 どんなときに救急にかかったらいい？

夜間や休日に受診を迷う場合は、お子さんが夜眠れないくらいつらいかどうかを指標にするといいかもしれません。「一度吐いたけど眠れている」とか「咳をしながらも起きてこない」という場合は様子をみてもいいでしょう（ただし、114ページの場合を除く）。「熱が高いのがつらそうなだけ」という場合、薬局で解熱鎮痛薬を買えば、または家にあれば直ちに医療機関に行く必要はありません。反対に「気持ち悪くて眠れない」、「横になると咳が出て眠れない」などのときは、時間外窓口や救急外来、夜間診療に行きましょう。

休日の日中や夜でも早めの時間に「解熱鎮痛薬さえあればいいんだけど」、「喘息で吸入さえできたらラクになりそう」などというときは、自治体のウェブサイトなどで公表されている当番医（順番で休日や夜間に診療をしている診療所）や夜間休日診療所に行くといいと思います。

当番医がやっていない時間・地域で、眠れないほど不快な症状があるとき、または重い症状があるときは、時間外窓口や救急外来、夜間診療のある病院にかかりましょう。近くに大きな病院の救急外来がある場合や救急指定病院がある場合は、直接電話してみてください。小児を診られるかどうかを教えてくれると思います。

A

「眠れないほどつらそうなとき」を目安に、
わからないときは電話で相談を。

こういうときのために、日頃からお住いの市区町村の広報紙やウェブサイトで、夜間や休日にやっている医療機関を調べておくことも大切です。

そして、生命に危険が及ぶかもしれないというときは、119番に電話して救急車を呼びましょう。**意識がない、けいれんが5分以上続いている、うわ言を言ったりろれつが回らなかったりして様子がおかしい、呼吸が弱いか止まっている、心臓が動いていない、命に関わりそうなケガをした場合は、急いでください。**受診するかどうか、救急車を呼ぶかどうかなどで迷った場合は、多くの自治体で設けている救急相談ダイヤル（東京都なら#7119）、また全国統一の小児救急でんわ相談（#8000）に電話してみてください。

いずれにせよ、受診の際は保険証、乳幼児医療証か子ども医療証、できたら母子手帳やお薬手帳を持って行ってくださいね。かかりつけでない医師が診察するときに参考になります。それと、夜間や休日は人員の配置が少ないので、できる検査も出せる薬も少ないということは知っておいてくださいね。

Q5 入院が必要なのは、どんなとき？

大人の場合、通院中に予定を組んでから入院することが多いもの。一方、子どもの場合は、急に具合が悪くなって入院することが多いでしょう。いざとなると慌ててしまうものなので、どういうことで入院が必要になるか知っておきましょう。

新生児で最も多いのは、黄疸《おうだん》による入院です。「特発性《とくはつせい》黄疸《おうだん》」といって、特別な病気がなくても生まれたばかりであるという未熟性が原因で、皮膚や眼球結膜（白目）が黄色くなることがあります。その場合、保育器などの中で日焼けサロンのようにライトを当てます。すると、黄疸のもとであるビリルビンの形が変わって、便から排泄されやすくなるためです。ほとんどが数日以内に改善して退院し、以後は黄疸の再発はありませんが、十分に治療しきれていないと黄色くなって再び光線療法の必要が生じて長引くこともあります。

そのほか、新生児は体に栄養の蓄えが少ないので低血糖になって点滴をすることがあります。口から十分に母乳や粉ミルクを飲めるようになり、血糖値が安定したら点滴を抜いて退院です。呼吸障害がある場合はレントゲン写真を撮って酸素吸入をし、感染症を疑う場合は点滴で抗菌薬を投与する場合もあります。

こういった新生児期の入院は出生後すぐが多いのですが、産婦人科病棟の新生児室で行われることもあるし、小児科病棟に移る、他の病院に新生児だけ搬送されることもあります。赤ちゃんが転院する際には大人が手続きをしに行く必要があり、出産後すぐのお母さんは行けませんから、ほかの誰かに連絡がつくようにしておくと安心でしょう。まだ保険証や乳幼児医療証を持っていなくても、後日できてから持って行けば大丈夫です。

それから生後1年以内に入院するような病気といえば、RSウイルス感染症、肺炎、ロタウイルス感染症、菌血症、髄膜炎などです。頻度の高いRSウイルス、ロタウイルス感染症などの場合、程度が軽ければもちろん入院はしません。呼吸状態や脱水になっていないかに注意して経過をみます。菌血症や髄膜炎は、疑ったらすぐに入院を要する疾患です。

3か月までの子どもは高熱だけでも入院することがありますし、1歳まではなんらかの原因で食事や水分が摂れない、または吐いてしまうときに入院することがあるでしょう。

1歳以上のお子さんが小児科に入院するかどうかは、以下の点などを考慮して判断されます。

①容態が急変するかもしれない場合
②長時間の点滴を必要とする場合
③抗菌薬を注射で投与する場合
④酸素を吸入するなどの家ではできない治療をする場合
⑤具合の悪い原因がわからないのでいろいろな検査が必要な場合

入院の際は、医師や看護師の指示をよく聞いてください。わからないことがあれば、何度でも聞いてかまいません。気が動転した際には、メモを取ったほうがいいでしょう。

必要なものは、健康保険証、乳幼児医療証か子ども医療証、母子手帳、診察券、お薬手帳、着替え、哺乳瓶などです。いつも愛用しているタオルや人形、本などがあるとお子さんが安心できると思うので、病状や病室によっては持ち込むことができないかもしれませんが、病院に聞いてみるといいでしょう。

なお、母子手帳は、入院する部屋を決める際にワクチン歴を調べるのに必要です。ワクチン歴がわからない、ワクチンを接種していない、感染症患者との接触歴があるという場合、院内感染を防ぐため、個室にしか入院できないことがありますし、受け入れ先の病院も限られてしまいます。元気なときにワクチンを接種しておくことは、本当に大切です。

また、母子手帳があると、お母さんの妊娠・出産時の様子、お子さんの生まれたときの様子、その後の乳児健診でどうだったか、今までに大きな病気をしていないか、身長と体重の増え方などがわかるので検査や治療にも役立ちます。

A

乳児は軽度でも入院することがありますが、基本的に検査や治療に時間がかかるときです。

誰か大人が付き添えるかどうかも、病室を決める際に大事なので聞かれるでしょう。付き添いの要不要は、病院の看護体制、お子さんの重症度や状況によって違いますが、都市部はともかく地方では必要なところが多いと思います。今は完全看護という言葉を使わず、基準看護体制で看護師と患者さんの比率は決められています。子どもは大人よりも手がかかるものなので、いずれにしても可能なら誰か大人が付き添ったほうがいいでしょう。

最後に何より大切なのは、入院するお子さんを早く病院に連れて行くことです。「家に帰って用意をしてから」と言う方がいますが、それは後から届けてもいいのです。日中の医療スタッフが多いときに入院しないと、様々な検査や治療ができません。一般に、病床の多い病院は看護師が3交代制になっていて、夕方16～17時頃に申し送りをして交代します。その頃、検査技師や医師も少数の当直に引き継がれます。つまり、入院する時間が遅れると、検査も治療も遅くなってしまうのです。つらい状態のお子さんを病院に送り届けてから準備に帰るのは心配かもしれませんが、治療を第一に考えてくださいね。

Column 5

子どもの危険な事故

昔、子どもの死亡原因は感染症が多くを占めていましたが、現在では先天性の障害や乳幼児突然死症候群、不慮の事故が多くなっています。残念ながら、先天性の障害はすぐに減らすことはできません。でも不慮の事故は減らすことができます。

厚生労働省が発表した2013年の子どもの死因順位によると、年齢が0歳では不慮の事故は4位、1〜4歳では2位、5〜9歳では1位です。

不慮の事故の中でも何が多いのか、内訳を見てみましょう。

まだ動きまわれない0歳では窒息が最多です。寝具は顔が埋まらない程度の硬さのあるものにしましょう。顔にかかって取れなくなるような掛物なども、近くに置かないようにしましょう。スタイ、よだれかけ、衣服の紐は就寝時には取りましょう。

1〜4歳では窒息は少し減って2位です。代わって1〜4歳と5〜9歳で最も多くなるのが交通事故。車に乗る際には必ずチャイルドシートを使いましょう。また、歩いている際に子どもは突然、駆け出したり飛び出したりします。歩道はもちろん、交差点や駐車場では手を繋ぐか抱っこしましょう。

消費者庁のサイトに「子どもを事故から守る！ 事故防止ポータル」というページがあります[※1]。月齢、年齢別にどういった事故が多いのか、事故にあった場合にはどういう点に着目し、どう応急処置や蘇生をしたらいいのかなどということがまとめてあります。登録すると週に1回、無料で注意喚起をするメールが届きます。ぜひ登録してみてくださいね。

※1 消費者庁「子どもを事故から守る！ 事故防止ポータル」
http://www.caa.go.jp/policies/policy/consumer_safety/child/

子どもの死因順位

	1位	2位	3位	4位	5位
0歳	先天奇形 変形および染色体異常	周産期に特異的な呼吸障害等	乳幼児突然死症候群	不慮の事故	胎児および新生児の出血性障害等
1〜4歳	先天奇形 変形および染色体異常	不慮の事故	悪性新生物	心疾患	肺炎
5〜9歳	不慮の事故	悪性新生物	その他の新生物	心疾患	肺炎 先天奇形 変形および染色体異常

「不慮の事故」による子どもの年齢・原因別の死亡者数

	0歳	1〜4歳	5〜9歳
総数	89	109	106
交通事故	7	32	53
転落や転倒	1	5	7
不慮の溺死・溺水	4	28	29
不慮の窒息	74	29	8
煙・火・火災への曝露	−	5	4
その他	3	10	5
総数（交通事故を除く）	82	77	53

厚生労働省「平成25年人口動態統計」より

第5章
知っておきたい応急処置

Q1 頭をぶつけてしまいました

子どもが頭をぶつけたとき、すぐ泣いたか、たんこぶができたかは最重要ではありません。注意してみてほしいのは、以下の点です。①大きな傷や出血がないか、②意識がはっきりしているか、③繰り返し吐かないか、④けいれんしていないか、⑤様子がおかしくないか。

①小さな傷やたんこぶがある程度なら大丈夫。出血していたら、清潔な布で圧迫止血します(133ページ参照)。できたら縦抱きするなどして頭を高い位置にしましょう。

②眠ったのと見分けがつくかどうか心配される保護者の方もいますが、起こそうとしたときの反応が違うのでわかると思います。眠っているだけなら、手を払いのけようとする、むにゃむにゃ言うなどの反応が返ってくるでしょう。

③頭をぶつけたあと、びっくりして1回だけ吐く、あるいは泣きすぎて数回吐くということはよくありますが、何回も吐くようなら頭の中で何かが起こっている可能性があります。

④けいれん中には意識がないため、目は開いていても他人と目が合わず、呼びかけにも応答しません。呼吸が不規則になるので顔色が悪くなり、多くは手足に力が入り、いつもと違う動きをして押さえても止まりません。可能なら動画を撮り、診察の際に医師に見せましょう。

①～⑤のどれかがあるときは、速やかに脳外科を受診しましょう。出血や症状がひどい場合は、必要に応じて圧迫止血などをしながら救急車を呼んでください。

頭を打った場合に怖いのは、脳そのものがダメージを受ける「脳挫傷《のうざしょう》」になること、あるいは頭の内部の出血によって脳が圧迫されることです。医療機関では、出血が多い場合は圧迫止血をしながら、けいれんしている場合には点滴での鎮静や人工呼吸をしながら、レントゲンやCT、MRIなどを撮ります。そして脳外科や整形外科と小児科が連携しながら、脳の腫れを取る薬を点滴する保存的治療、低体温療法、手術などの治療をします。

右記のようなことがなく、頭を触ると痛そうにするなどという軽度の場合には、冷やしてあげましょう。氷枕や保冷剤をハンカチなどに包んであてます。1～2日は激しい遊びや遠出はせずに様子をみたほうが安心です。

なお、子どもが頭部をぶつける事故は、次のようなものが多いです。転落、転倒、交通事故（歩行時と車内で）、虐待です。国民生活センターにもまとめたものがありますが、女児よりも男児に多く、0～4歳が過半数です（※1）。

〈乳幼児の場合〉

・大人が抱っこしていて落としてしまう。

・ベビーカーやスリング、クーファンなどのベルトがきちんと締められていなくて落ちる。

・ベッドやソファや椅子、階段や玄関などの段差のある場所から落ちる。
・窓やベランダ、遊具などの高いところから転落する。

〈学童以上の場合〉
・階段やジャングルジムから転落する。
・自転車で転倒する。
・スポーツ中にケガをする。

子どもは大人に比べると頭が大きく重心が高いので転落しやすいうえ、思いもよらない行動をとることがあります。窓の近くに踏み台になるものを置かない、転落の危険性について説明するなどの対策を講じましょう。

A

大きな傷、意識喪失、頻回の嘔吐、けいれん、様子がおかしいなどがある場合は受診を。

※1　国民生活センター「小児の頭部外傷の実態とその予防対策」http://www.kokusen.go.jp/news/data/a_W_NEWS_066.html

Q2 ケガをしてしまったのですが

手足や指の傷が多いと思いますが、にじむ程度の少量の出血だったら、砂や土などの汚れを洗い流して絆創膏などを貼りましょう。消毒は必要ありません。そのほかのときは、どんなときに、どんな手当てをしたらいいか、ケースごとに見ていきましょう。

〈出血している場合〉

まず、きれいな布などで10分程度押さえて圧迫止血をします。出血部分を心臓よりも高い位置にして、途中で見たりせずに最低5分間は圧迫し続けるのがポイント。すぐ圧迫をやめると、せっかく止血しつつあるところから再び血が出てしまいます。

血が止まったら、やさしく洗ったり拭いたりして汚れを取り、傷痕になりにくいよう皮膚同士をなるべくくっつけて家庭用の創傷パッドを貼ります。傷から出てくる浸出液が治癒を促すので、乾かすよりも密閉したほうがいいのです。確認のため、1〜3日に一度くらい貼り替え、赤くなったり、腫れたり、痛みが強くなったりするようなら医療機関に行きましょう。

明らかに傷が大きかったり深かったりする場合、圧迫しているのにどんどん出血する場合は圧迫止血をしながら外科や整形外科、形成外科に向かうか、傷の大きさによっては救急車を呼びましょう。医療機関では傷を縫合したりします。指先など一部が取れたときは、乾燥や汚染を避けるためにビニール袋に入れて温めないようにして持参してください。

〈何かが刺さったとき〉

植物や錆びた釘などが刺さったときは、必ず外科を受診しましょう。どんなにきれいに洗っても、破傷風などの細菌感染を防ぎきれないことがあるからです。医療機関では傷を洗って、抗菌薬などを処方します。破傷風を予防するための四種混合ワクチンを接種し忘れていないか確認しましょう。接種歴不明か接種3回未満の場合は、ワクチンを打つことがあります。

一方、感染症の恐れの少ない小さなガラス片、陶器片などが刺さったときは、取れない場合だけ外科にかかりましょう。また、喉の奥に魚の骨などが刺さって取れないとか、棒状のものをくわえていて喉に刺さったというときは、口腔外科か耳鼻科を受診してください。

〈動物や人に噛まれたとき〉

動物に噛まれたり、ひっかかれたりして傷ができたときは、破傷風や猫ひっかき病、パスツレラ症、狂犬病などの感染症になるリスクがあるので、必ず外科へ。血が止まっていれば、小児科でもかまいません。ヒトに噛まれた場合も、程度がひどければ受診しましょう。可能性は低いですが、ヒトに噛まれて感染するものにB型肝炎、C型肝炎、HIVがあります。B型肝炎ワクチンは定期予防接種になりましたが、打っていない場合は受けておいたほうがいいでしょう。いずれの場合も、外科では傷口をよく洗い、異物などを除去して抗菌薬を出されます。

〈どこかを強く打ったとき〉

胸部や腹部を強く打ったとき、少し痛がる程度なら様子をみてもかまいませんが、どんどん具合が悪くなるときには内臓が損傷を受けている場合があります。交通事故や高いところから転落して胸やお腹を打ったときなどは、急いで医療機関にかかるか救急車を呼びましょう。

最後に、たとえケガの程度が軽く見えても激しい痛がり方をする場合は、組織の圧力が上がって血行障害などが起こり、筋肉が傷害されていく「コンパートメント症候群」の恐れがあるので、急いで病院の整形外科や外科を受診してくださいね。

A

軽いケガは家庭でケアし、重いケガや感染の恐れがある場合は外科を受診して。

Q3 やけどをしたら、どうすればいいの？

やけどのことを、医学用語では「熱傷《ねっしょう》」と呼びます。放射線によって、または化学的・物理的・電気的に生じる熱によって皮膚とその下の組織に損傷が起こることです。中でも、子どもに多いのは化学的・物理的に生じた火や熱で起こるやけどですね。

子どものやけどを予防するためには、以下のようなことが大切です。

やけどを起こしそうなものは子どもの手が届かない場所に置く、子どもの飲食物は熱くしない、給湯温度を50度以下に設定する、電気ポットや卓上ケトルなどのコードはこまめに抜く、テーブルクロスを使わない、加湿器や給湯器、炊飯器は蒸気が高温にならないか出ないタイプを使用する、ライターはロック機能がついているものを使うなど。一度、「子どもを事故から守る！事故防止ポータル」のサイトにある「事故防止ハンドブック」を見ておきましょう（※1）。やけどだけでなく、子どもに多い事故の予防方法がわかります。

それでも、子どもがやけどをしてしまったら、すぐ水道水などで20分程度冷やしましょう。服を着ている部分をやけどした場合には、脱がせるときに皮膚を傷めることがあるので、服の上から冷やします。

やけどの程度が浅くて範囲が小さく、医療機関に行くほどでない場合は、しっかり冷やしたあとにワセリンなどの油脂性基剤の軟膏を塗りましょう。やけどの程度がひどい場合は、ぬれたシーツやタオルなどをかけて急いで皮膚科を受診するか、冷やしながら救急車を呼びます。

なお、やけどの程度がひどいかどうかは、深さと大きさで判断しましょう。

〈やけどの深さ〉

●Ⅰ度

赤くなって痛いけれど、水疱（水ぶくれ）はできていない状態。数日で痕を残さずに治ります。

●Ⅱ度　浅達性

浅達性（浅いもの）は、皮膚が赤くなって痛みをともない、水ぶくれができます。これは治るまでに1～2週間かかりますが、痕は残りません。

●Ⅱ度　深達性

深達性（深いもの）は、皮膚が赤や紫、または白っぽくなります。水ぶくれができますが、あまり痛みはありません。およそ3～4週間で治るものの、痕が残ることが多いでしょう。

●Ⅲ度

皮膚が黒あるいは白い色になり、痛みはあまりありません。傷が盛り上がったり（ケロイド）、ひきつれ（瘢痕拘縮《はんこんこうしゅく》）が残ったりします。

〈やけどの大きさ〉

大きさは、全身のうち、やけどを負った部位の面積のパーセンテージで表します。

幼児までの小さいうちは頭が全体の20%、胸とお腹が20%、背中とお尻で20%、両腕が20%、両脚が20%です。学童以上では頭が15%、胸とお腹が20%、背中とお尻で15%、両腕で20%、両足が30%です。

Ⅱ度のやけどが15～30%以下の範囲なら外来で治療できますが、それ以上は入院で治療する必要がありま

す。あるいはⅢ度で10%以上でも同様です。つまり、赤くなって痛い部分が片腕くらいの大きさくらいなら、入院する必要はありません。でも、いずれにせよ、すぐに冷やしてください。ほかにもお湯がかかっているかもしれないなど判断に迷うくらい広いようなら、救急車を呼びましょう。

救急車を呼ぶほどではないとしても、心配な場合は皮膚科を受診してください。大きくないものなら小児科でも診られるのですが、Ⅲ度以上のやけどは皮膚科での処置が必要です。受診に出かける際には、ラップなどでやけどした部分を覆うと痛みが少し減り、清潔を保てます。市販の冷却シートは粘着性があるので、使わないほうがいいでしょう。

医療機関では、清潔に洗い、ワセリンなどの軟膏やステロイド入りの軟膏を塗ったり処方したりします。Ⅱ度の水ぶくれができて破れそうな場合は中身を吸引して、破れそうにないところはそのままステロイドを塗布してガーゼや創傷被覆剤で保護します。Ⅲ度の場合は、皮膚科に入院して、壊死組織を取り除いたり植皮したりという専門的な治療をします。

なお、44〜51度程度のものに一定時間接触すると低温やけどになることがあります。初めは痛みもなく、見た目も大したことがないように見えますが、7〜10日たってから組織が壊死していきます。低温やけどの場合は、冷やしたり、湿潤療法をしたりしても効果はありません。壊死部分を除去するなどの専門的な治療が必要なので、皮膚科を受診してください。

いずれにしても、再生したばかりの皮膚は紫外線に弱く、日焼けしたあとに色素沈着してしまうことがあるので、しばらくは絆創膏やガーゼを貼ったり、衣服で隠したりしましょう。

A

すぐに20分程度冷やしてください。重いやけどの場合は急いで皮膚科へ。

※1　消費者庁「こどもを事故から守る！　事故防止ポータル」　http://www.caa.go.jp/policies/policy/consumer_safety/child/

Q4 誤嚥／誤飲したときの対処法を教えて！

子どもが誤って異物を口にしても、気道のほうへいく「誤嚥《ごえん》」ではなく、食道へいく「誤飲《ごいん》」で、しかも刺さったり中毒を起こしたりする危険性がないものだったり、小さじ半分にも満たない量だったりする場合は、変わった様子がない限り、受診の必要はありません。

でも、様子がおかしい場合は、大きな病院の小児科を急いで受診しましょう。また、タバコや電池の場合は、少量でも必ず受診しましょう。

タバコは2㎝程度でも中毒症状が出て、顔色の悪化、瞳孔の収縮、冷や汗やめまい、昏睡、けいれんなどが起こることがあります。水を入れた空き缶を灰皿にする方がいますが、間違えて飲んだ場合、有害な成分が溶けだしているため、タバコ自体よりも危険です。子どもの近くではタバコを吸わない、手の届くところにタバコや灰皿などを置かないようにしましょう。

電池は胃に穴が開いたり、胃液で腐食したりして大変危険です。誤飲してから1時間という短時間でも起こります。耳や鼻に入れた場合は、すぐに耳鼻科を受診してください。

何を飲み込んだにしても、呼吸や意識がない場合は救急車を呼びましょう。

苦しそうにしている場合や様子がおかしい場合は、まず口を開けさせてチェックします。

〈誤嚥したかもしれない場合〉

口の中にある場合は、手でかきだしましょう。奥にある場合は、子どもを立膝の上にうつ伏せにして背中の肩甲骨の間を数回叩きます（「背部叩打法」）。

または、大人の片腕に赤ちゃんの背中を乗せ、手のひら全体で後頭部を持ち、頭が下がるような仰向けにして、赤ちゃんを支えていないほうの手で指2本を使い、胸の真ん中を数回連続して押します（胸部突き上げ法）。1歳以上なら、背中側から胸に両手を回し、拳でみぞおちを上方向へ圧迫します（「腹部突き上げ法」）。

それでも誤嚥したものが出てこず、お子さんがぐったりしていくようなら、窒息の危険性があるので救急車を呼びましょう。窒息をするほど苦しそうではないけど、咳き込んで様子がおかしい、ゼイゼイするというときには、気管支に小さなものが詰まって気道閉塞が起こっているかもしれませんから、やはり医療機関を受診してくださいね。

背部叩打法

胸部突き上げ法

腹部突き上げ法

A

何を飲み込んだかによって対処法が違うので、ひと通り知っておきましょう。

〈誤飲したかもしれない場合〉

酸性またはアルカリ性のもの（台所洗剤など）、界面活性剤を含むもの（シャンプーなど）、乾燥剤や除湿剤の場合は、水や牛乳を120ml程度まで飲ませてください。石油製品（灯油、ガソリンなど）やタバコ、防虫剤の場合は、何も飲ませないようにしましょう。

また、家庭で吐かせるのは、誤嚥や窒息のリスクが高くて危険です。特に強アルカリのもの（漂白剤など）、強酸性のもの（トイレ用洗剤など）、石油製品（灯油、マニキュア除光液など）は再び消化管を傷つけてしまいます。絶対に吐かせないようにしてください。

医療機関では、固形物が詰まっている場合は内視鏡で取り出したり、バルーンを使って持ち上げたり、レントゲンを撮って移動を観察したりします。液体の場合は、胃洗浄をしたり、活性炭を投与したり、点滴でルートを取って中和薬剤を注射したりという方法があります。

目や耳や鼻に異物が入った場合は、それぞれ眼科や耳鼻科へ。眼科では異物を取って外傷がないかを確かめます。耳鼻科では、耳や鼻に入れた異物を鉗子などで取り出します。

誤嚥・誤飲しやすいものと対処法

タバコ
すぐに受診！

気道にいく場合を考え、吐かせないほうがいいでしょう。水分を摂ると、ニコチンなど中毒物質が溶け出して吸収されやすくなるので何も与えないで医療機関に行きましょう。

お酒
水か牛乳を与えて、少量なら経過を観察し、症状があれば医療機関に行きます。アルコールが代謝される途中で、低血糖や低体温になることがあるので暖かくして向かいましょう。

電池／ボタン電池
すぐに受診！

窒息の危険があれば、吐き出させます。ボタン型はアルカリ電池・水銀電池、コイン型はリチウム電池などと種類があるので、同じものがあれば医療機関に持参してください。

薬品
処方されたものなら、その薬を出した医療機関や薬局に問い合わせ、必要があれば受診しましょう。OTC医薬品なら、添付文書を読む、薬局に問い合わせるなどしましょう。

洗濯用洗剤（粉・液体）
口をすすいだり拭き取ったりします。咳をしたりゼイゼイしたりしていなければ、牛乳か水を飲ませましょう。咳やゼイゼイがあれば医療機関へ。目に入ったらよく洗います。

お金
窒息しそうなら直ちに吐かせます。P141の背部叩打法、胸部突き上げ法などを試しましょう。うまくいかなかったら救急車です。呼吸がおかしくなければ、普通の方法で医療機関へ。

灯油／ベンジン／除光液など
すぐに受診！

1ml程度でも気管支炎や肺炎を起こすことがあります。吐かせずに医療機関に行きましょう。すぐには症状がなくても、あとから出てくることがあります。

防虫剤
なめる程度なら症状は出ません。飲み込んだ場合は医療機関へ。皮膚炎や結膜炎を起こすので、触ったらすぐに洗います。脂肪に溶けやすいため、牛乳を飲ませてはいけません。

乾燥剤（シリカゲル）
消化管から吸収されないので、ほとんど毒性はなく、家庭用の小さな包みくらいなら中毒は起こしません。ただ、稀に口の中や食道の壁に付着して炎症を起こします。

針、押しピン
すぐに受診！

吐かせると消化管を傷つける恐れがあるので、そのまま医療機関へ。金属製の針部分はレントゲンで写りますから、大きさや状態によって取り出すか経過観察になります。

その他の金属
気管支に入ればひどい咳やゼイゼイがあります。そうでなく消化管のほうに入ったら、便に出てくるでしょう。レントゲンで移動して行くのを連日確認することがあります。

公益財団法人 日本中毒情報センター
中毒110番

一般市民専用電話
（情報提供料は無料）
〈大阪〉**072-727-2499**
（365日24時間対応）
〈つくば〉**029-852-9999**
（365日9～21時対応）

たばこ専用電話
（情報提供料は無料、自動音声応答による市民向け情報の提供）
072-726-9922（365日24時間対応）

※化学物質（たばこ、家庭用品など）、医薬品、動植物の毒によって起こる急性中毒で、実際に事故が発生している場合に限って情報提供しています。異物誤飲（プラスチックなど）や食中毒、慢性の中毒や常用量での医薬品の副作用は受け付けていません。詳しくはhttp;//www.j-poison-ic.or.jpへ。

Q5 熱中症になってしまいました

夏になると、よく「熱中症に注意しましょう」という呼びかけがありますね。

私たちは恒温動物なので体温調節機能を備えていますが、限界はあります。あまり暑いと体温調節機能がうまく機能せず、様々な症状が出るのが熱中症です。

より詳しく説明すると、私たちの体は暑さを感じると、末梢の血管を開いて血流を多くすることや汗をかくことで熱を放散し体温を調整しているのです。ところが、多くの末梢血管が広がり、血流が体の端のほうばかりに行ってしまうと低血圧になり、脳に送られる血流が不足することで、めまいが起こったり、立ちくらみがしたり、ひどくなると意識を失ったりします。これが「熱失神」。また、汗をかきすぎて体内の水分が不足すると脱水が起こり、体がだるくなったり、気持ち悪くなったり、頭が痛くなったりします。これが「熱疲労」です。

そして、汗とともに筋肉の動きを調節しているナトリウムが出てしまい、不足すると手足がつるとか、筋肉がけいれんするということが起こりますが、これが「熱けいれん」。また、直接熱が脳に影響すると「熱射病」という危険な状態になり、体温が上昇し、ぼーっとしたり、変なことを言ったり、意識がなくなったり、ショック状態に陥ったりします。

いずれにしても熱中症を疑ったら、以下のように応急処置をしましょう。ただし、熱射病を疑う場合、重篤そうな場合は急いで救急車も呼んでください。

①涼しい場所に移して、衣服がきつい場合はゆるめて、寝かせましょう。めまいや頭痛、気持ち悪さを訴えている場合は熱失神になりかけていますから、頭を低くして足を少し高くしてください。

②できたら経口補水液を、用意がない場合は水と塩を摂らせます。スポーツドリンクは塩分が少ないため不向きです。

③冷やすものがあれば体を冷やしましょう。氷枕や保冷剤を首や脇の下、脚の付け根などにあてます。ない場合は体を水で濡らして、うちわなどで扇ぐのも効果的です。

応急処置をしても回復しない場合、状態によっては救急車を呼ぶか、もしくは小児科を受診しましょう。

熱中症を防ぐには、こまめに水分や塩分を補給し、顔が赤かったり汗をたくさんかいているときは涼しい場所に移動したり、クーラーをつけたりすることが大切です。生後6か月までの

A

涼しい場所に寝かせて経口補水液を与え、冷やします。様子がおかしければ小児科へ。

乳児は、母乳や粉ミルクで定期的に水分補給しましょう。粉ミルクは薄めずにいつもの濃度にしてください。それ以上の子は、飲み慣れている水分でかまいません。ときどきおやつとして塩分のあるものを食べさせましょう。経口補水液でもいいです。

そして、子どもは大人に比べて体温調節機能が未熟です。暑い屋外で長く遊ばせ続けるのではなく、涼しいところで適度に休憩をとらせましょう。室内では、エアコンの冷房か除湿などで気温と湿度を下げ、扇風機もうまく使って過ごしやすいようにしてください。

昔はスポーツや部活動の際に水を飲むことを禁止する学校がありましたが、大変危険だったことがわかりますね。いまだにそういう指導をする人がいたら、命にも関わりますから、必ず保護者が危険性を伝えましょう。直射日光が当たらない室内でも、室温と湿度が高ければ熱中症になります。体育館でのスポーツや音楽活動などのときも要注意です。

また、特に乳幼児はごく短い時間で危険な状態になりますから、眠っているからとか、すぐに戻るからといって、暑い車中や部屋などに置いて行かないようにしましょう。

Q6 呼吸や脈がないときはどうしたらいい？

まずは大声で呼びかけましょう。反応がなければ、やさしく肩を叩くなどします。蘇生法のガイドラインには、反応がない、判断に迷うときは、すぐ救急要請するように書かれています。大人が複数人いる場合、ひとりは子どもの容態を確認し、もうひとりは119番に電話をして救急車を呼び、もうひとりはＡＥＤを探しましょう。119番にかけた際に通話を切らずに指示を仰いでもいいでしょう。連れ合いがいない場合は、とにかく大声で呼びかけて周囲に協力してもらってください。誰もいない場合は急いで救急車を呼びながら容態を確認します。

子どもの顔色がいつもと違って白い、青ざめている、黒いという場合、胸やお腹が呼吸で上下するか見てみましょう。呼吸がないとか、あってもあえぐような、しゃくりあげるような異常な呼吸だったら、ただちに心肺蘇生法を行います。

心肺蘇生法のやり方は149ページを見ていただきたいのですが、まずは心臓マッサージから行います。心臓マッサージで却って具合を悪くしてしまうかもしれないと心配する人がいるかもしれません。でも、肋骨や胸骨が折れても、その治療は後でできます。しかし、死んでしまったら、取り返しがつきません。救命処置は早ければ早いほど効果的なのです。

人工呼吸は顎を持ち上げて匂いをかぐような姿勢にして気道を確保するのがポイント。胸が上がれば、空気がうまく肺に入っていることがわかります。なお、子どもに多い溺水の場合（溺れた場合）は明らかに呼吸から心停止に陥っているので、人工呼吸から始めてください。

心臓マッサージ30回・人工呼吸2回をセットで繰り返し、AEDか救急隊が到着するまで続けます。大人が複数人いたら、交代しながら行いましょう。AEDが届いたら、子どもの頭の近くに置いて電源を入れます。小学校に上る前の子どもの場合、小児用パッドのほうがいいですが、なければ成人用を使います。AEDは音声で次に何をしたらいいのかを教えてくれますし、必要がなければそう伝えるので、怖がらずにパッドを貼ってみてください。

最後に、地域で心肺蘇生法の訓練や講習会があったら、ぜひ参加してください。日本救急医療財団心肺蘇生法委員会の指針もイラスト付きでわかりやすいです（※1）。

A

呼吸や脈がなければ、救急車を呼んで心肺蘇生法を行いましょう！

※1「日本救急医療財団心肺蘇生法委員会の救急蘇生法の指針２０１５」
http://www.fdma.go.jp/neuter/topics/kyukyu_sosei/sisin2015.pdf

心肺蘇生法のやり方

❶ 大声で呼びかけて、反応をみます。大人が複数人いたら、ひとりは119番に電話し、もうひとりはAEDを探しましょう。ひとりしかいない場合は、大声で誰かに「救急車を呼んでください」、「AEDを探してください」と頼むか、急いで119番にかけながら、容態をみます。

❷ お子さんをできるだけ硬くて平らな床や地面の上に仰向けに寝かせましょう。柔らかいものの上に寝かせると、心臓マッサージがしっかり行えないからです。このとき、強くゆすったり、顔を叩いたりはせず、やさしく静かに動かしてください。

❸ 顎を持ち上げて頭を後ろに下げて気道を確保しても自発呼吸がない、呼吸の様子がおかしい場合は、ただちに心肺蘇生法を。通常は、心臓マッサージから始めます。ただし、溺れたときのように呼吸からくる心停止の場合は、人工呼吸から始めましょう。

❹ 左右の乳首を結んだ線の真ん中の少し足側の部分を、1歳未満だったら指2本で、1歳以上だったら手のひらの下半分を使って押します。1分間に100回より少し速いペースで、胸の厚さが3分の1くらいにへこむ強さで30回圧迫。かなり強く押すことになります。意識を取り戻す、呼吸が再開するなどしたらやめましょう。

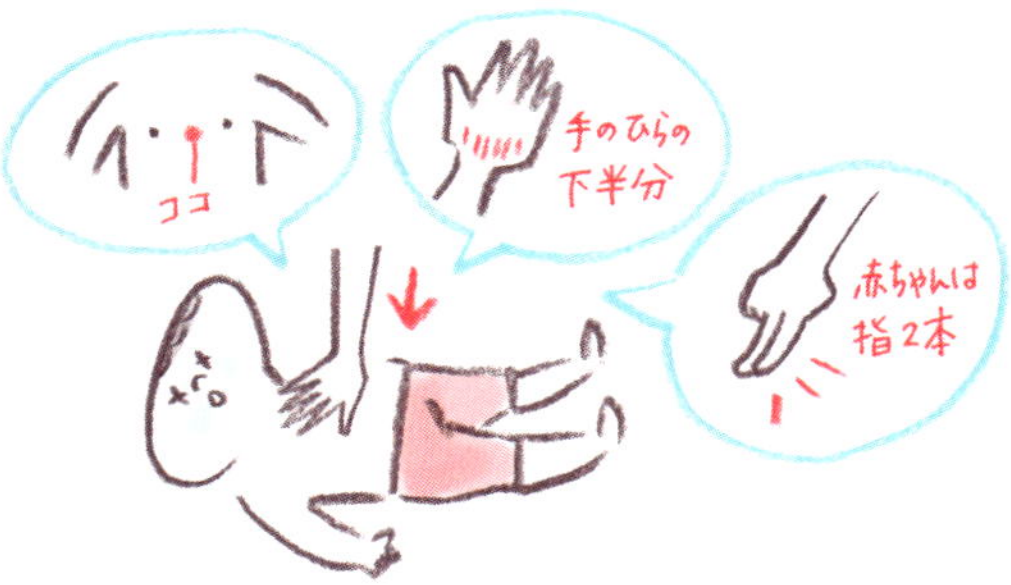

❺ 次に人工呼吸です。1歳未満の場合は、子どもの口と鼻の両方に息を吹き込みます。1歳以上の場合は、子どもの鼻をつまんで、口から息を吹き込みましょう。子どもの胸が上がれば、吹き込んだ息がちゃんと入っている証拠です。これを2回繰り返したら、再び❹の心臓マッサージを30回行います。救急隊の到着まで続けましょう。

※途中でAEDが届いたら、心肺蘇生法を続けながら、持ってきてくれた人に音声ガイダンス通りに用意してもらい、用意ができたら使用します。

おわりに

今の日本では、だいたいどこの地域にでも医療機関があり、誰もが受診できて（フリーアクセス）、よほど特殊な地域でなければ医療レベルに大きな差がありません。

また、ほとんどの人が健康保険に入っているので（国民皆保険制度）、医療費の自己負担は多くても3割ほどととても安く、そのうえ医療費が収入や年齢に応じた一定額を超えると返金される仕組みもあります（高額療養費制度）。

それに加えて、子どもの場合は多くの市区町村が「乳幼児医療証」や「子ども医療証」を発行して医療費を負担しているため、地域にもよりますが、長ければ中高生まで無料で診察を受けられて、無料で薬をもらえます。これはとてもありがたいことです。

たとえば、アメリカでは、子どもの具合が悪くても受け入れ先の医療機関をカバーする保険に加入していないと診察すら受けられないことがありますし、発熱から2日経過しないと小児科の予約が取れないなど、軽度の受診が制限されることもあります。さらに医療費が高いことも有名です。私の友人は、子どもが肺炎になったときに24時間くらい入院したところ100万円くらい請求されたそうです。

このほかの国と比べても日本の医療システムはとても利用者にやさしいのですが、多くの人ができるだけ不要不急の受診——いわゆるコンビニ受診を控えないと、この先も維持していくことは難しいでしょう。

乳幼児医療証や子ども医療証があるから窓口での支払いはなくても、実際には多額のお金がかかっています。医療にかけられる予算は有限ですし、厚生労働省は医師の数を減らそうとしているので、ただでさえ他国の医師に比べて働きすぎている日本の医師たちは、勤め続けることが難しくなっていくかもしれません。

ですから、明らかに軽度の病気やトラブルは自宅でケアしたり、OTC医薬品を使ったりして対処しましょう。もちろん何かおかしいと思う場合、本人がつらそうな場合には、かかりつけのクリニック（診療所）、または一般病院を受診してください。必要があれば、特定機能病院など、より専門性の高い医療機関を紹介されます。

実際、ある地域の病院の小児科は受診者数が多すぎて医師たちが疲弊し、存続が危ぶまれていたのですが、住民のみなさんが「軽度の場合はクリニックへ」、「コンビニ受診を控えよう」などと呼びかけた結果、今ではよい状態で存続しています。地域の人たちによって、地域の医療が守られた好例です。多くの人がどういうときに、どういう医療機関に、どうやってかかるべきなのかを知っておけば、本当に医療が必要なときに待たずに十分なケアを受けられて安心ですし、今の優れた医療システムも維持できます。

みなさんの健康を守るため、医療システムにも関心を寄せていただけたら幸いです。

平成30年7月　森戸やすみ

著者プロフィール

森戸やすみ（もりと やすみ）

1971年、東京生まれ。小児科専門医。一般小児科、NICU（新生児特定集中治療室）などを経て、現在は東京都世田谷区にある「さくらが丘小児科クリニック」勤務。医療者と非医療者の架け橋となるような記事を書いていきたいと思っている。
著書に『新装版 小児科医ママの「育児の不安」解決BOOK』、共著書に『新装版 産婦人科医ママと小児科医ママのらくちん授乳BOOK』（ともに内外出版社）、『赤ちゃんのしぐさ』（洋泉社）、監修書に『祖父母手帳』（日本文芸社）がある。

ブログ：http://yasumi-08.hatenablog.com/

いつものケアから不調のときの対処法まで！
小児科医ママの
子どもの病気とホームケアBOOK

発行日　2018年7月13日　第1刷発行

著者　森戸やすみ
発行者　清田名人
発行所　株式会社内外出版社
〒110－8578
東京都台東区東上野2－1－11
電話　03-5830-0368（販売部）
電話　03-5830-0237（編集部）
URL　http://www.naigai-p.co.jp

装丁・本文デザイン　下村敏志（Kre Labo）
イラスト　モリナオミ
校正　内藤久美子（オフィス・クーリエ）
編集　大西真生
印刷・製本　中央精版印刷株式会社

ISBN 978-4-86257-388-9

写真で見る!

子どもの病気やトラブル

「この発疹は病気かな」、「うんちの色がおかしい気がする」、そんなふうに思ったときは写真と見比べてみましょう。もちろん、よくわからない場合は小児科を受診してください。

肌と喉と目

脂漏性湿疹《しろうせいしっしん》

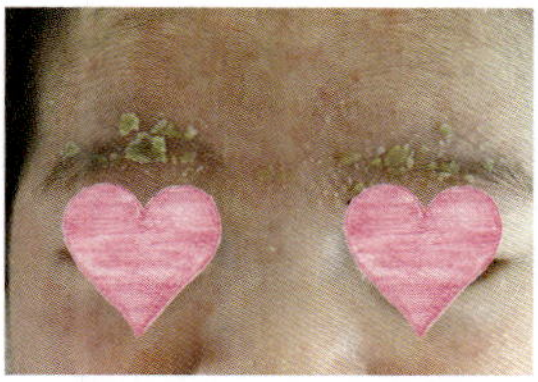

生後まもなくからできる赤いブツブツ。黄白色のかさぶたをともなう。皮脂の過多が原因なのでよく洗い、よくならなければ小児科か皮膚科へ。

➡詳しくは94、100ページへ

新生児《しんせいじ》ざ瘡《そう》

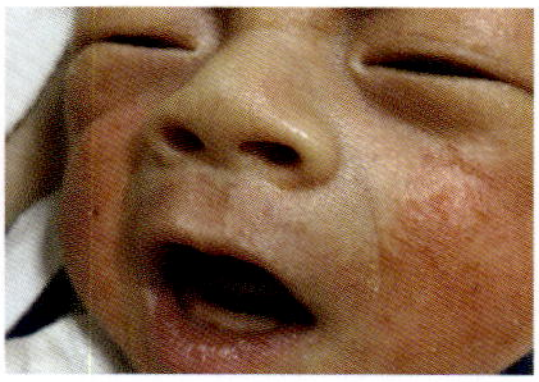

新生児の2割にみられるニキビ。脂漏性湿疹と同時にできることも。皮脂の過多が原因なのでオイルよりローションなどで保湿しましょう。

➡詳しくは94、100ページへ

あせも(汗疹)

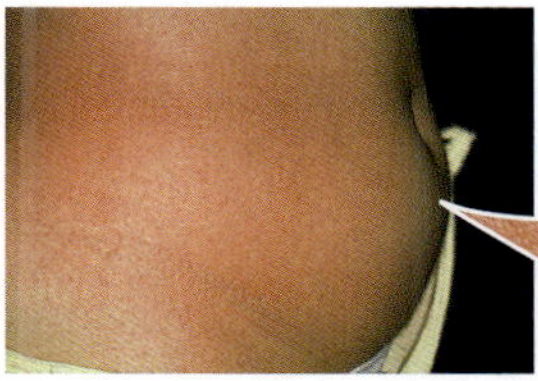

拡大

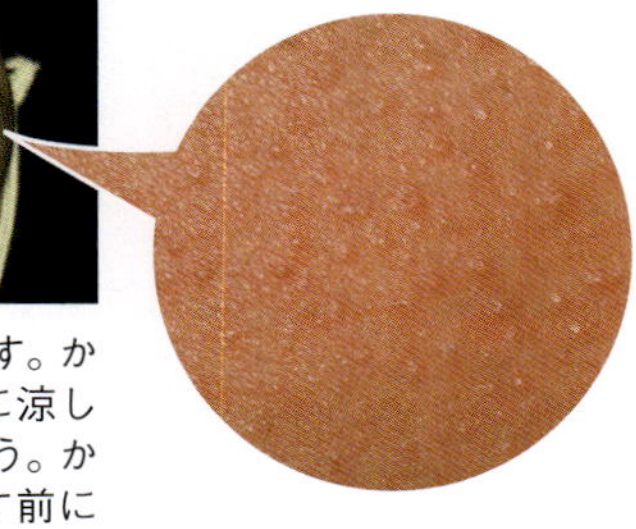

汗をかいた後にできます。かゆがらなければ、清潔に涼しくして様子をみましょう。かゆがる場合は、掻き壊す前に小児科か皮膚科へ。

➡詳しくは34ページへ

突発性発疹《とっぱつせいほっしん》

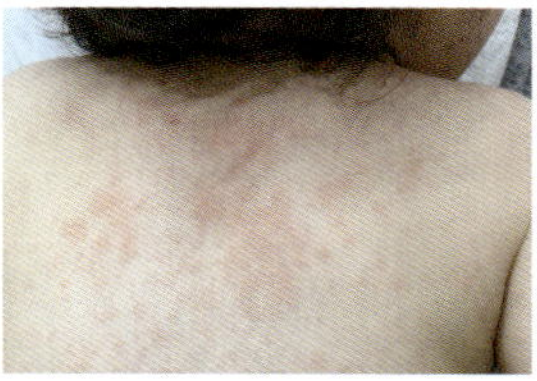

典型的には生後6か月以降、3～5日間発熱し、解熱後に出る発赤疹。稀に月齢が小さい頃にかかったり、発熱がなかったりする場合も。

➡詳しくは102ページへ

とびひ

水疱性膿痂疹《すいほうせいのうかしん》

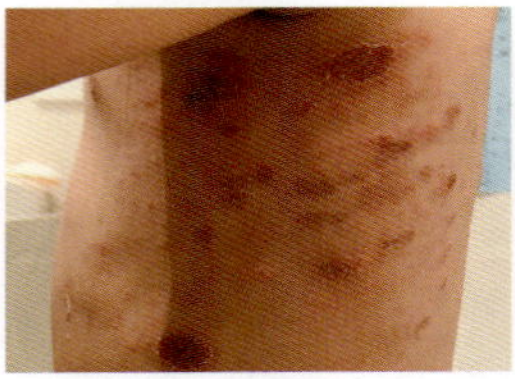

乳児や学童といった小さい子に多く、簡単に破れる水疱が次々にでき、かゆみがあることも。だんだん乾いて薄いかさぶたになります。

痂皮性膿痂疹《かひせいのうかしん》

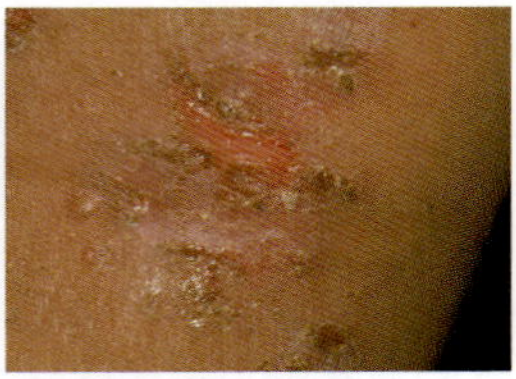

どの季節に多いということはなく、アトピー性皮膚炎と合併しやすく、かさぶたと痛みをともないます。

➡詳しくは34ページへ

伝染性紅斑《でんせんせいこうはん》(りんご病)

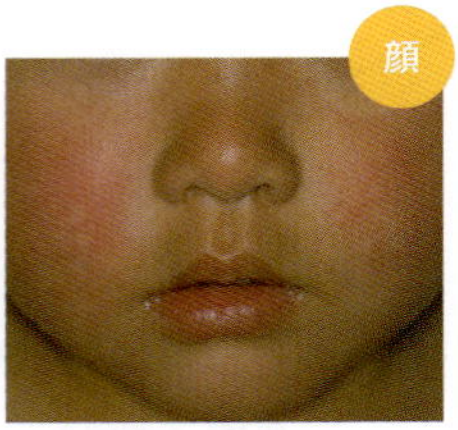

発熱やだるさといった風邪のような症状の後に、解熱してほっぺが両方赤くなります。果物のりんごのようなので、こう呼ばれます。

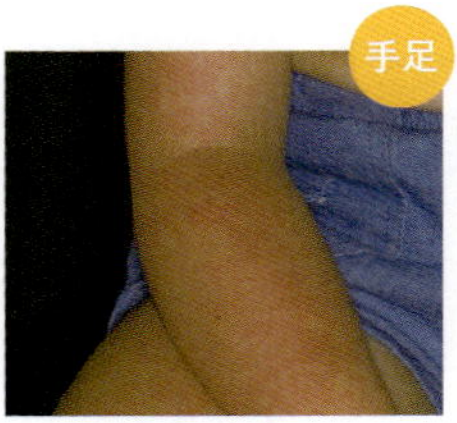

手足はレース状や網目状と呼ばれる発赤疹ができます。かゆみがある場合は薬をもらいます。

➡詳しくは102ページへ

じんましん

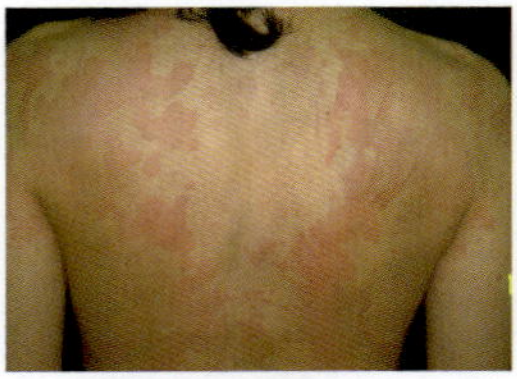

皮膚のマスト細胞からヒスタミンなどが放出されるためにできます。アレルギーでできることが多いものの、原因がわからないことも。

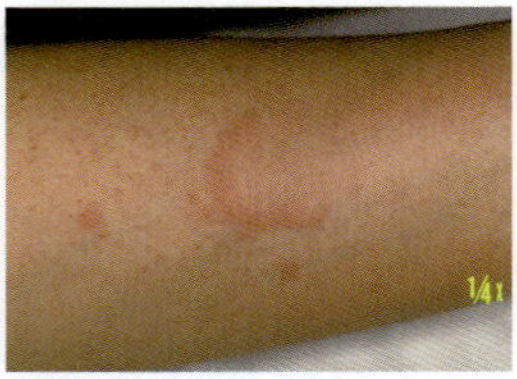

盛り上がって、赤くて、かゆいのが特徴。数十分から数時間で出たり消えたり、場所が移動したりします。

➡詳しくは100ページへ

アトピー性皮膚炎

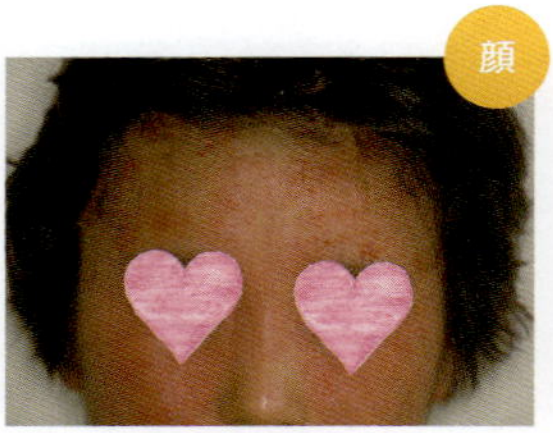

赤くジクジクして、かゆみが強く、乾燥をともなうのが特徴。特に乳幼児は、顔や頭皮、耳の付け根にできることが多いでしょう。

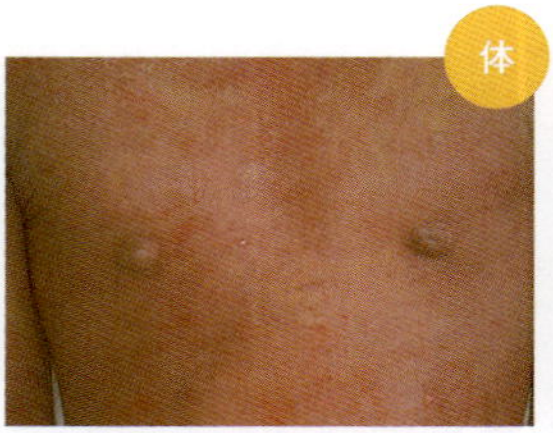

学童期以降になると、上半身に多くできやすく、顔や胸や背中に多くできる傾向があります。かゆくて掻かないではいられません。

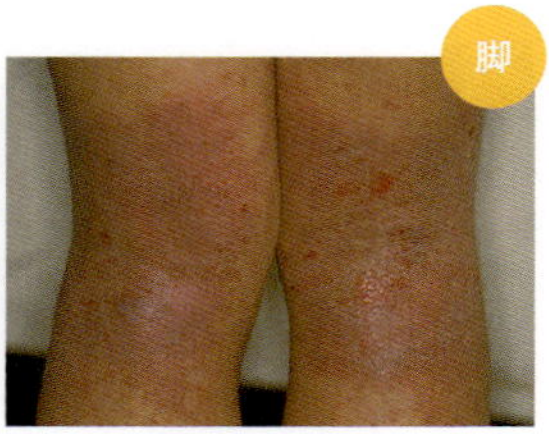

手足の関節もできやすい部分。左右対称に赤くなり、繰り返し掻くことで皮膚が固く盛り上がります。

➡詳しくは56ページへ

溶連菌感染症《ようれんきんかんせんしょう》

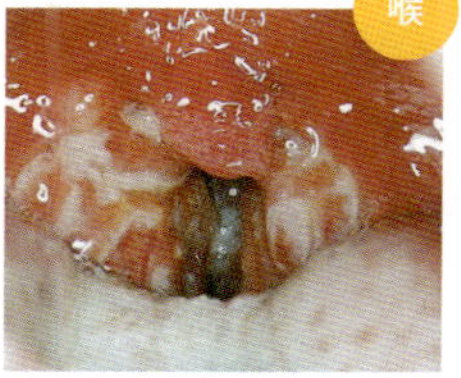

高熱が出て、のどが痛くなり、少し腫れて真っ赤になります。白いうみがべったりつくこともあります。➡詳しくは81ページへ

咽頭結膜熱《いんとうけつまくねつ》（プール熱）

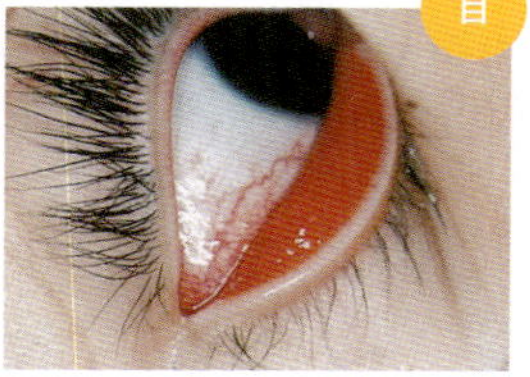

目が痛んだり眩しさを感じ、白目やまぶたの裏が充血し、下まぶたのほうが上よりも赤くなります。目やにや涙が出ることも。

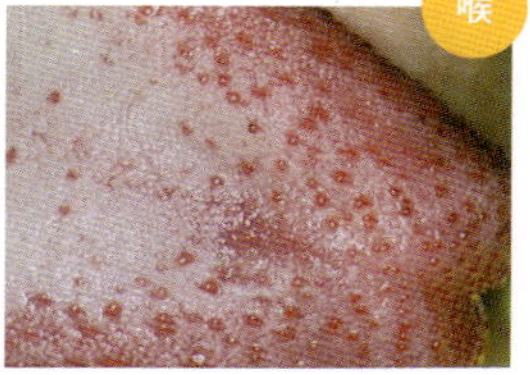

表面がザラザラして苺のように見える「苺舌」。プール熱のほか、溶連菌感染症、川崎病などのときも見られます。

➡詳しくは81ページへ

手足口病

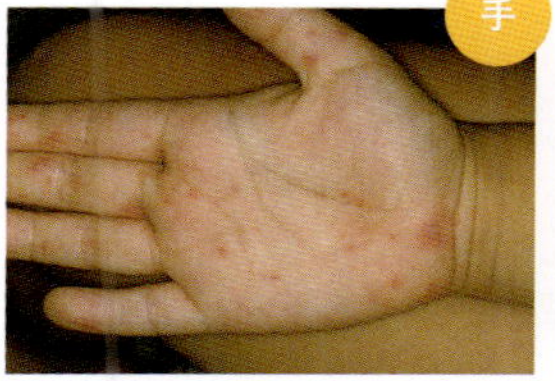

手のひらや指、指の間に赤みのあまりない2～3mm大の発疹ができます。ウイルスによっては前腕や二の腕、肩のほうまでできることも。

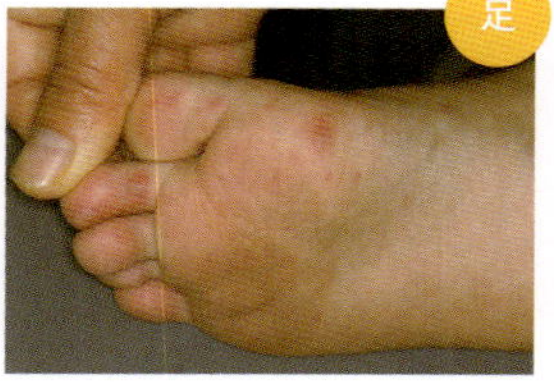

足の裏や指にも、手と同じような発疹ができます。どちらも痛みやかゆみをともなうことがあります。また、お尻から下に広く発疹が出ることも。

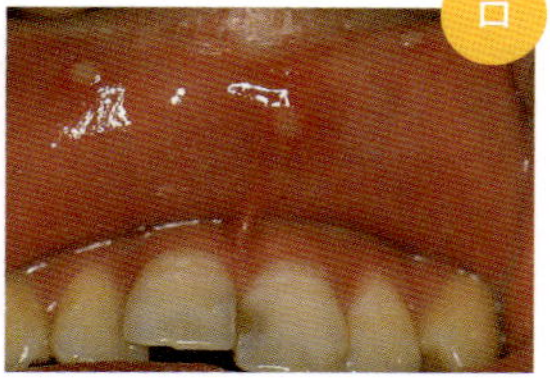

口の周囲、唇の裏、口の中の粘膜や舌、のどの奥が赤くなり、白っぽい水ぶくれのような発疹ができます。

➡詳しくは102ページへ

麻疹

すぐに受診！

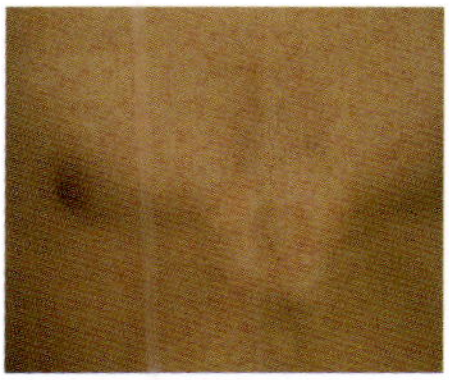

全身に赤く平坦な発疹ができ、日数が経つと隆起して、隣の発疹とくっつき、地図状になります。

➡詳しくは103ページへ

水痘（水ぼうそう）

水疱

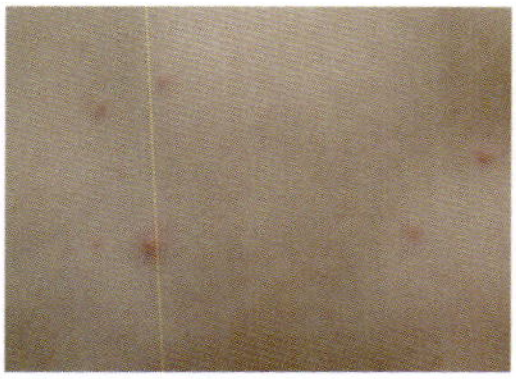

盛り上がりかゆみのある発赤疹が、でき始めから半日～1日で、頭皮や口、鼻の中などの粘膜を含む全身にたくさんできます。

水疱と痂皮

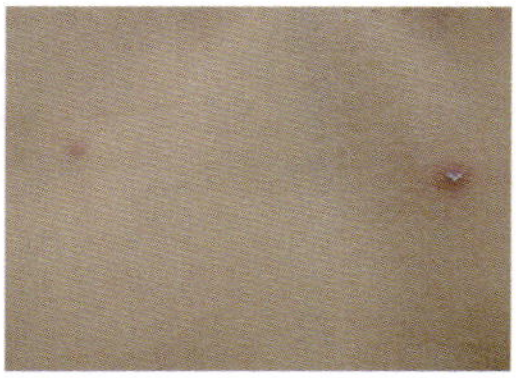

時間がたつにつれて、赤発疹は水疱になり、さらに水疱は痂皮（かさぶた）になっていきます。

➡詳しくは103ページへ

うんち

すぐに受診!

腸重積症《ちょうじゅうせきしょう》

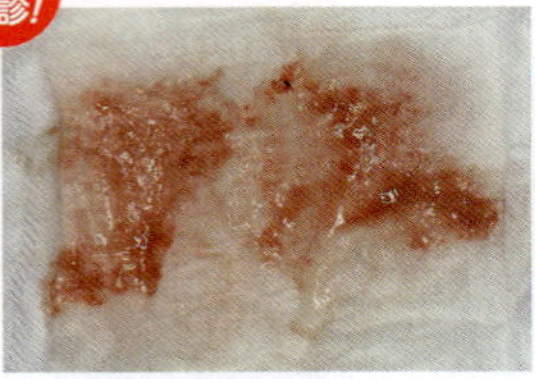

腸管の細い血管が破れて、うんちに血が混ざった状態。全体がイチゴゼリーのように赤くなります。なるべく早く病院の小児科へ。

➡詳しくは93ページへ

ロタウイルス感染症

白い便（母子手帳にも掲載あり。１～３番）が初日の初めの頃だけ見られ、その後、色は普通に戻って大量の水様下痢になります。

➡詳しくは88ページへ

正常

顆粒が混じったもの

白っぽい顆粒の混じったうんちは、母乳でもミルクでも混合栄養の子でも見られます。ツブツブは脂肪やカルシウムのかたまりです。

緑色のもの

胆汁という消化液の中の色素が、腸の中で酸化すると緑色のビルベルジンになります。母乳でもミルクでも緑色のうんちが出ます。

糸くず血が混じったもの

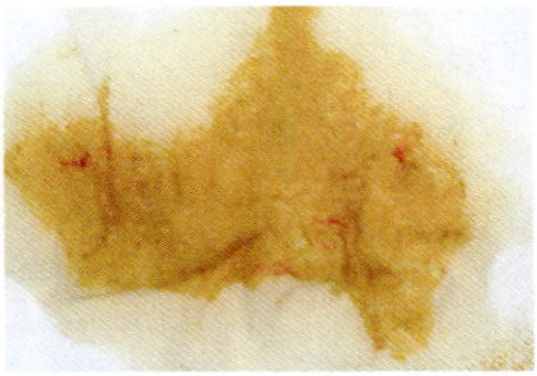

いつものうんちに糸くずや点のような血がまざっていることがありますが、この程度なら心配ありません。

〈写真提供〉

あせも、りんご病、とびひ（痂皮性膿痂疹）、じんましん、アトピー性皮膚炎、麻疹、手足口病／山田梓先生（比留間皮膚科耳鼻科医院）
溶連菌感染症、咽頭結膜熱／佐久間孝久先生、アトラスさくま刊行会（『アトラスさくま　小児咽頭所見』より）
うんち／吉永洋一郎先生（吉永小児科医院）